JESUS EM BETÂNIA

(Mc 14,3-9)

CLÁUDIO VIANNEY MALZONI

JESUS EM BETÂNIA
(Mc 14,3-9)

Um gesto de generosidade e ternura
no início do relato da Paixão

Dados Internacionais de Catalogação na Publicação (CIP)
(Câmara Brasileira do Livro, SP, Brasil)

Malzoni, Cláudio Vianney
  Jesus em Betânia : Mc 14,3-9 : Um gesto de generosidade e ternura no início do relato da Paixão / Cláudio Vianney Malzoni. — São Paulo : Paulinas, 2010. — (Coleção exegese)

  ISBN 978-85-356-2629-2

  1. Bíblia. N.T. Marcos – Crítica e interpretação 2. Bíblia. N.T. Marcos – Leitura I. Título. II. Série.

10-03575   CDD-226.306

Índices para catálogo sistemático:
1. Evangelho segundo Marcos : Crítica e interpretação 226.306
2. Marcos : Evangelho : Crítica e interpretação 226.306

Direção-geral: *Flávia Reginatto*
Editores responsáveis: *Vera Ivanise Bombonatto e Matthias Grenzer*
Copidesque: *Anoar Jarbas Provenzi*
Coordenação de revisão: *Marina Mendonça*
Revisão: *Sandra Sinzato*
Direção de arte: *Irma Cipriani*
Assistente de arte: *Sandra Braga*
Gerente de produção: *Felício Calegaro Neto*
Projeto gráfico: *Telma Custódio*

Nenhuma parte desta obra poderá ser reproduzida ou transmitida por qualquer forma e/ou quaisquer meios (eletrônico ou mecânico, incluindo fotocópia e gravação) ou arquivada em qualquer sistema ou banco de dados sem permissão escrita da Editora. Direitos reservados.

Paulinas
Rua Inácia Uchoa, 62
04110-020 – São Paulo – SP (Brasil)
Tel.: (11) 2125-3500
http://www.paulinas.org.br – editora@paulinas.com.br
Telemarketing e SAC: 0800-7010081
© Pia Sociedade Filhas de São Paulo – São Paulo, 2010

SUMÁRIO

Apresentação 7

1. *A porta do texto* – questões introdutórias 9
   1.1. A unção de Jesus em Betânia:
        a delimitação de uma unidade 9
   1.2. Os discípulos dele e o preço do perfume:
        a crítica textual 14
   1.3. A casa de Simão e o mundo inteiro: a análise do texto 22

2. *O gesto e sua interpretação* – a exegese do texto 31
   2.1. Enlace: v. 3 31
   2.2. Desenvolvimento: vv. 4-8 43
   2.3. Desenlace: v. 9 66

3. *Da cabeça aos pés* – o relato de Marcos e os textos afins
   na tradição evangélica 75
   3.1. Confronto entre Mc 14,3-9 e Mt 26,6-13 76
   3.2. Confronto entre Mc 14,3-9 e Mt 26,6-13 com
        Jo 12,1-8 80
   3.3. Confronto entre Mc 14,3-9; Mt 26,6-13; Jo 12,1-8
        com Lc 7,36-50 83
   3.4. Algumas pistas sobre a história de nossa perícope 84

4. *"Ela antecipou-se a ungir o meu corpo"* – o texto no
   contexto do relato da paixão no Evangelho
   segundo Marcos 89
   4.1. Mc 14,3-9 no contexto dos capítulos 11–16 89
   4.2. Mc 14,3-9 no contexto dos capítulos 14–16 94
   4.3. Mc 14,3-9 no contexto de 14,1-42 97
   4.4. Mc 14,3-9 no contexto imediato de 14,1-11 99

5. Jesus na *casa* dos pobres 103
   5.1. Betânia no Novo Testamento 103
   5.2. O significado do nome Betânia 105
   5.3. A generosidade dos pobres: uma abordagem
        contextualizada 107

Conclusão 111

Referências bibliográficas 113
   A. Texto grego 113
   B. Subsídios linguísticos 113
   C. Dicionários 114
   D. Instrumentos exegéticos 115
   E. Versões antigas e patrística 115
   F. Tradução portuguesa 117
   G. Introdução ao Novo Testamento 117
   H. Comentários ao Evangelho segundo Marcos 117
   I. Bibliografia específica 118
   J. Bibliografia complementar 119

APRESENTAÇÃO

Em meu trabalho pastoral com a Bíblia nos anos de 1990, estudei o Evangelho segundo Marcos com comunidades e grupos cristãos em Belo Horizonte, Sabará, Curitiba e Goiânia. Desse trabalho nasceu meu interesse por esse evangelho. No momento de terminar meus estudos em Sagrada Escritura no Pontifício Instituto Bíblico de Roma, escolhi continuar a aprofundá-lo. De lá para cá, continuei frequentando suas páginas. No trabalho que segue, apresento um estudo de Marcos 14,3-9: a unção de Jesus em Betânia.

Minha escolha por esta passagem deveu-se a dois motivos. Primeiramente, porque se trata do início do relato da paixão de Jesus em Marcos, e de um início que também envia ao final pela repetição do tema da unção do corpo de Jesus como motivação da ida das mulheres ao sepulcro na manhã da ressurreição. A relevância do tema emerge, pois, de sua característica de inclusão no relato marcano da paixão. Depois, porque se trata de uma passagem que toca algumas questões importantes para as pessoas e grupos com os quais trabalhei: Como aparece o relacionamento de Jesus com as mulheres nos evangelhos? É verdade que Jesus disse que os pobres sempre existirão? Como Jesus encarou sua própria morte? Como continuar a missão de anunciar o evangelho?

O presente estudo não tem por objetivo responder exaustivamente a estas questões, mas quer ser uma leitura atenta, repetida e metodológica de Marcos 14,3-9.

Num primeiro capítulo, trataremos de algumas questões introdutórias em vista de estabelecer o texto com o qual iremos nos confrontar: vamos trabalhar sua delimitação e crítica textual, finalizando com uma análise do texto em seu conjunto. No segundo capítulo, vamos trabalhar com a exegese, interrogando-nos sobre o significado do texto, conduzindo nosso estudo pormenorizadamente, versículo por versículo. No terceiro capítulo, iremos confrontar nossa passagem em Marcos da unção de Jesus em Betânia com as passagens paralelas nos outros evangelistas. A seguir, no capítulo quarto, tentaremos mostrar como este início se insere no quadro mais amplo do relato da paixão de Jesus, segundo a perspectiva que Marcos nos apresenta. Enfim, num último capítulo, vamos tentar situar o povoado de Betânia no conjunto dos textos evangélicos e buscar encontrar "lugares privilegiados" para uma leitura contextualizada de Marcos 14,3-9.

Dessa forma, esperamos percorrer nosso texto em diversas direções, abordando desde questões mais clássicas de exegese, como as da crítica textual e da crítica literária, passando pelas questões da análise narrativa e semântica, pelo confronto do texto com seus paralelos nos outros evangelhos e no conjunto da narrativa da paixão em Marcos e, finalmente, buscando chegar às questões postas pela hermenêutica.

1

A PORTA DO TEXTO
QUESTÕES INTRODUTÓRIAS

No início deste trabalho, estamos diante do Evangelho segundo Marcos do qual vamos nos confrontar apenas com um número reduzido de versículos: no *capítulo 14*, os *versículos 3 a 9* — *a unção de Jesus em Betânia*.

Nosso primeiro passo será determinar a delimitação desta passagem, isto é, justificar por que estes versículos formam em si uma unidade. Para tal, temos que levar em conta as indicações dadas pelo próprio texto e que fazem dele uma "passagem".

A seguir, nosso trabalho será o de *estabelecer* o texto a ser tratado; vamos nos defrontar com a questão da crítica textual. As principais variantes encontradas, mesmo aquelas preteridas no momento do estabelecimento do texto, deverão permanecer como testemunho de uma forma histórica de leitura deste texto.

Fecharemos este capítulo com uma primeira aproximação ao texto: tomando-o em seu conjunto, buscando descobrir a maneira como o evangelista organiza sua narrativa e destacando os elementos com os quais ele constrói seu relato.

1.1. A unção de Jesus em Betânia: a delimitação de uma unidade

Neste primeiro passo vamos tomar em consideração os elementos que determinam a existência de uma unidade. Estes elementos são de índole narrativa e literária.

1.1.1. Elementos narrativos

Os elementos de índole narrativa, isto é, aqueles que compõem o quadro narrativo de uma unidade, são as anotações de tempo e lugar, a ação narrada e as personagens envolvidas na ação.

a) As anotações temporais

Nossa passagem está inserida entre duas anotações temporais:

> 14,1 Ἦν δὲ τὸ πάσχα καὶ τὰ ἄζυμα μετὰ δύο ἡμέρας.
> Era, pois, a páscoa e os ázimos depois de dois dias.
> 14,12 Καὶ τῇ πρώτῃ ἡμέρᾳ τῶν ἀζύμων, ὅτε τὸ πάσχα ἔθυον,
> E no primeiro dia dos ázimos, quando a páscoa imolavam,

Estas duas citações marcam o início de um novo dia e como tal também de uma nova seção no relato marcano da paixão. A anotação de 14,12 abre a narração dos fatos ligados à última ceia de Jesus com seus discípulos. A anotação de 14,1, por sua vez, abre a narração dos fatos ocorridos no dia anterior à ceia pascal e que segue, pois, até o v. 11.

b) A anotação de lugar

Encontramos uma indicação de lugar em 14,3:

> Καὶ ὄντος αὐτοῦ ἐν Βηθανίᾳ ἐν τῇ οἰκίᾳ Σίμωνος τοῦ λεπροῦ,
> E estando ele em Betânia, na casa de Simão, o leproso,

Esta indicação vale para os vv. 3-9. Temos, pois, que a seção compreendida entre os vv. 1-11 (delimitada a partir das anotações temporais) é formada por três perícopes: 14,1-2; 14,3-9; 14,10-11. De fato, para a perícope de 14,3-9, Marcos precisa o lugar no qual o fato narrado se passa. Nem a perícope anterior (1-2), nem a posterior (10-11) têm a mesma precisão. Contudo, pode-se pensar que os fatos aí narrados sucedem em Jerusalém, seja pela menção dos chefes dos sacerdotes, seja pelo contexto mais amplo no qual todos estes versículos estão inseridos.

c) A ação narrada

A perícope de 14,3-9 relata uma ação determinada, na qual ocorrem alguns discursos diretos. Jesus está reclinado para uma refeição e entra uma mulher com um alabastro de perfume. Ela rompe o alabastro e derrama o perfume sobre sua cabeça. Em vista disso, alguns dos presentes ficam indignados. Eles reprovam o desperdício de perfume que poderia ter sido vendido e o dinheiro dado aos pobres. Jesus os censura por molestarem a mulher, elogia a boa ação dela, responde às críticas em relação à esmola aos pobres e justifica a maneira de agir daquela mulher.

A perícope anterior (1-2) não está centrada propriamente em uma cena, mas em informações dadas pelo evangelista ao leitor: primeiramente, de que a festa da páscoa estava próxima, e, depois, de que os chefes dos sacerdotes e os escribas buscavam uma maneira, por um ardil, de prender Jesus e matá-lo, mas não durante a festa, para não provocar tumulto entre o povo.

A perícope seguinte (10-11) também descreve uma ação, mas distinta daquela da unção em Betânia. Judas dirige-se aos chefes dos sacerdotes para entregar Jesus. Eles se alegram e lhe prometem dinheiro. Judas, então, passa a buscar uma ocasião para entregá-lo.

d) As personagens

As personagens principais em Mc 14,3-9 são Jesus e a mulher que toma a iniciativa de ungi-lo. Também aparecem Simão, o leproso, e alguns dos presentes, que ficam indignados com o gesto da mulher.

Na perícope anterior (1-2) aparecem os sacerdotes e os escribas. Na perícope seguinte (10-11) aparece o nome de Judas Iscariotes, ao qual se acrescenta que se trata de um dos Doze, e novamente aparecem os sacerdotes. Jesus aparece em ambas as perícopes, não como sujeito agente mas sim como uma referência, através de um pronome (αὐτόν): vv. 1.10.11.

1.1.2. Elementos literários

Passemos agora aos elementos de índole literária ou formais, que nos são dados pelo próprio texto enquanto unidade literária (conjunto articulado de palavras com um sentido em uma determinada língua). Em nosso caso, estes elementos são:

a) A partícula καί, *e*

Trata-se de uma conjunção que aparece com grande frequência em Marcos. Nós a encontramos no início do v. 3 e no início do v. 10. Este uso de καί, *e*, deve-se a um influxo do hebraico[1] (conjunção *w*) e, nestes casos específicos, pode indicar o início de uma nova perícope.

b) Genitivo absoluto

Esta construção gramatical da língua grega, que pode ser usada para exprimir circunstância, aparece duas vezes no v. 3:

> Καὶ ὄντος αὐτοῦ ἐν Βηθανίᾳ ἐν τῇ οἰκίᾳ Σίμωνος τοῦ λεπροῦ,
> E estando ele em Betânia, em casa de Simão, o leproso,
> κατακειμένου αὐτοῦ
> enquanto ele estava reclinado para uma refeição,

Estes genitivos absolutos no começo deste versículo funcionam como uma ambientação, preparam a nova cena que será narrada, marcando seu início.

c) Passagem de um discurso direto à narração de uma nova ação

Encontramos este tipo de passagem entre os vv. 2-3 e 9-10, da seguinte maneira:

v. 2   termina uma perícope: fim de um discurso direto;

v. 3   começo de uma nova perícope: início de uma nova ação;

v. 9   termina uma perícope: fim de um discurso direto;

v. 10 começo de uma nova perícope: início de uma nova ação.

---

[1] Cf. M. ZERWICK, *Biblical Greek*, § 454.

d) Mudança de tempo nos verbos principais

Tal mudança ocorre na passagem do v. 2 ao v. 3. Enquanto nos vv. 1-2 predominava o imperfeito (ἦν, *era*; ἐζήτουν, *buscavam*; ἔλεγον, *diziam*), que descreve uma situação, a partir do v. 3, os verbos principais estão no aoristo, a começar por ἦλθεν, *veio*, nesse mesmo versículo, descrevendo uma ação ou cena.

1.1.3. Marcos 14,3-9: justificação da delimitação

Os dados elencados até aqui justificam a delimitação de uma perícope em Mc 14,3-9 distinta daquela que a precede (1-2) e daquela que a segue (10-11). Há uma clara indicação de lugar: em Betânia, na casa de uma pessoa conhecida como Simão, o leproso. Algumas personagens são próprias dessa perícope, sobretudo a mulher que derrama o perfume sobre a cabeça de Jesus. Também o tratamento dado a Jesus é diferente: somente em 3-9 ele aparece como sujeito agente. E, ainda, os sacerdotes, importantes em 1-2 e 10-11, estão ausentes de 3-9.

Deve-se considerar a ação narrada em 3-9 sobretudo um relato coerente em seu próprio desenvolvimento. A isto se somam os indícios literários (formais) que também direcionam no sentido de abrir uma nova perícope no v. 3 e fechá-la no v. 9.

1.1.4. A perícope em seu contexto

Ao lado dos elementos que nos levaram a delimitar 14,3-9, aparecem também aqueles que integram esta perícope em um contexto maior, notadamente 14,1-11.

Em primeiro lugar está a anotação temporal. Depois da menção de que a páscoa e os ázimos seriam a dois dias (14,1), a próxima anotação de tempo aparece em 14,12, marcando o início de um novo dia. As perícopes de 14,1-11 estão, pois, unidas por uma mesma referência cronológica. Mas não só.

Os sacerdotes e sua intenção de prender Jesus unem as perícopes 1-2 e 10-11, que, por sua vez, envolvem a perícope 3-9. No Evangelho segundo Marcos, um esquema semelhante aparece em 4,1-20 (a parábola do semeador e o porquê das parábolas), em

5,21-43 (a filha de Jairo e a hemorroíssa) e em 11,12-25 (a maldição da figueira e a expulsão dos vendedores do templo). Esta interdependência das três perícopes em 14,1-11 tem suas consequências, que deverão aparecer no decorrer deste estudo.

1.1.5. *Justificação de um título*

Terminado o trabalho de delimitar uma perícope em Mc 14,3-9 e de estabelecer suas principais ligações com o contexto mais próximo, resta-nos agora justificar o título que lhe demos: *A unção de Jesus em Betânia*.

Por *unção* significamos que o principal elemento que determina esta perícope é a ação aí narrada. Por *Jesus* determinamos a personagem central do relato, a favor de quem a ação se desenvolve. Por *Betânia* destacamos um dado essencial do quadro narrativo no qual a ação se desenrola.

Se este título não abarca todos os elementos que compõem a narrativa, contempla o que há de mais importante e nos permite, daqui para frente, nos referirmos à perícope com a qual trabalhamos não apenas a partir de uma combinação de números — 14,3-9 — mas também a partir de um nome: *A unção de Jesus em Betânia*.

1.2. Os discípulos dele e o preço do perfume: a crítica textual

Continuando nosso trabalho preliminar de estabelecer o texto com o qual vamos tratar, vamos agora nos defrontar com a questão da crítica textual.

O Novo Testamento chegou até nós depois de um longo período de transmissão manuscrita. Neste período, ocorreram mudanças no texto que ficaram registradas em manuscritos, famílias de manuscritos ou tradições textuais.

Aqui, vamos proceder da seguinte maneira: para cada parte do texto em que aparecem leituras variantes, com certa relevância, elencaremos tais leituras identificando aquela que, segundo nosso parecer, tem maiores possibilidades de ser a leitura mais antiga, e por que motivos. Em seguida, vamos conservar aquelas leituras que, mesmo preteridas, nos proporcionam um testemunho de uma maneira concreta como nosso texto foi lido e ou interpretado. Nosso ponto de partida será o texto grego de Mc 14,3-9 tal qual nos apresenta a 27ª edição de *Nestle-Aland*.

> v. 4 ἦσαν δέ τινες ἀγανακτοῦντες πρὸς ἑαυτούς,
> Ora, alguns estavam indignados entre si

Esta leitura é apoiada pelo Códex Sinaítico (ℵ), Códex Vaticano (B), e pelo Códex Ephraemi (C) em sua leitura original. É ainda o que se encontra nos códigos L Ψ 892, em mais alguns poucos manuscritos gregos, e em alguns manuscritos da versão copta bohaírica.[2]

Esta é a leitura preferida pelo comitê editorial da terceira edição de *The Greek New Testament* que, entretanto, lhe atribui valoração {C}, que, segundo seus próprios critérios, significa que existe "considerável dúvida" de que esta leitura seja a melhor.

Primeiramente, há que se levar em conta a importância e antiguidade dos dois grandes códices — Sinaítico e Vaticano (séc. IV) — que conferem autoridade a esta leitura. Mas as lições variantes são numerosas. As principais diferenças de leitura são:

1. A presença do verbo λέγω, *dizer*, seja na forma participial (καὶ λέγοντες, *e dizendo*) seja no imperfeito (καὶ ἔλεγον, *e diziam*), introduzindo o discurso direto que vem a seguir. Esta leitura é apoiada pela grande maioria dos manuscritos, excetuados aqueles já citados. Como *acréscimo*, a forma λέγοντες, *dizendo*, pode ter se originado do texto paralelo em Mt 26,8. A necessidade de uma forma de um verbo de "dizer" pode ainda ser

---

[2] As leituras variantes com seus respectivos testemunhos foram tomadas de B. ALAND et al. (eds.), *The Greek New Testament*, 176-177; B. ALAND et al. (eds.), *Novum Testamentum Graece*, 136-137; K. ALAND (ed.), *Synopsis quattuor evangeliorum*, 426-428; K. ALAND, *The Greek New Testament*, 182; S. C. E. LEGG (ed.), *Nouum Testamentum Graece — Euangelium Secundum Marcum*, XIV,3-9.

explicada pela presença da locução preposicional πρὸς ἑαυτούς, *entre si*, não isenta de dificuldades.

Esta locução tanto sugere a ideia de "entre si" quanto "em si mesmos", ou seja, "interiormente". Teríamos assim: "alguns estavam indignados *entre si*" ou "alguns estavam *interiormente* indignados". Marcos utiliza sete vezes em seu evangelho a preposição πρός seguida de uma forma de ἑαυτοῦ. Excetuando por enquanto 14,3, em cinco vezes aparece claramente o sentido de "entre si" (1,27; 10,26; 11,31; 12,7; 16,3) e, em todas estas ocorrências aparece uma forma do verbo λέγω, *dizer*. Em 9,10 é possível tanto o sentido de "entre si" quanto "em si mesmos", ou "interiormente", e aí, tampouco aparece o verbo λέγω, *dizer*. Temos ainda que πρὸς ἑαυτούς pode também ser o reflexo de um tipo de construção comum em aramaico com o simples propósito de reforçar a ação do sujeito,[3] em nosso caso expressa pelo verbo ἀγανακτέω, *indignar-se*. Teríamos então: "alguns estavam realmente indignados". Este último verbo aparece outras duas vezes em Marcos: em 10,14 seguido por uma forma do verbo λέγω, *dizer*, e por um discurso direto, e em 10,41 não acompanhado de λέγω, *dizer*, nem seguido de um discurso direto. Assim, seguindo a lógica da maneira como Marcos utiliza em seu evangelho seja o verbo ἀγανακτέω, *indignar-se*, seja a locução preposicional πρὸς ἑαυτοῦ, seria de se esperar uma forma do verbo λέγω, *dizer*, também em 14,3, provavelmente καὶ λέγοντες, *e dizendo*, como é atestado pela maioria dos testemunhos manuscritos. A forma καὶ ἔλεγον, *e diziam*, seria apenas uma maneira de corrigir a construção do particípio precedido por καί, *e*, que tanto pode depender de ἦσαν, *estavam* (assim os manuscritos da f^1), como ser o reflexo de uma influência aramaica que perpassa toda a frase.

2. Presente ou ausente o verbo λέγω, *dizer*, segue o discurso direto daqueles que estão indignados pela atitude da mulher que derrama o perfume sobre a cabeça de Jesus. Outra variante identifica as personagens em questão. O texto que tomamos até agora fala em τινες, que podemos compreender como "*alguns*

---

[3] M. BLACK, *An Aramaic Approach to the Gospels and Acts*, 76-77.

dos presentes". Esta é a leitura que se encontra na maioria dos manuscritos. Outros, porém, como o códex W e a família de manuscritos f^{13}, incluindo o lecionário *l547*, trazem a leitura τινες τῶν μαθητῶν, *alguns dos discípulos*, seguida pela versão siríaca da Pechita; ou como os manuscritos Bezae (D), Koridethi (Θ) e 565 que trazem a leitura οἱ δὲ μαθηταὶ αὐτοῦ, *os discípulos dele*, seguida por alguns manuscritos da *Vetus Latina* e da versão armênia. Tais manuscritos representam o que se convencionou chamar de tipo textual ocidental e cesareense e remontam ao século V ou mesmo ao século IV no caso do manuscrito Vercelense (*a*) da *Vetus Latina*.[4]

Estas leituras podem ter se originado como uma tentativa de explicitar um lacônico τινες, *alguns*, que estaria no texto original marcano. Há que se levar em conta que esta especificação se encontra no paralelo de Mt 26,8, que traz οἱ μαθηταί, *os discípulos*. A partir de uma informação de Mateus alguns copistas podem ter "completado" o que lhes parecia uma lacuna em Marcos.

A importância destas variantes estaria mais no testemunho que deixaram registrado de como este texto de Marcos foi lido e interpretado. Esta *leitura* identificou as personagens que ficaram indignadas com o gesto da mulher que unge Jesus com um perfume caríssimo. Estas seriam os discípulos ou alguns deles. Quanto ao texto original, não há por que duvidar de que ele apresente somente um τινες, que, sem maior especificação, permanece um termo aberto.

3. Ainda nessa frase, os mesmos manuscritos que trazem a leitura οἱ δὲ μαθηταὶ αὐτοῦ, *ora, os discípulos dele*, substituem a expressão verbal ἦσαν... ἀγανακτοῦντες πρὸς ἑαυτούς, *estavam... indignados entre si*, por διεπονοῦντο, também com o mesmo significado básico de ficar indignado, perturbado, descrita como um estado duradouro no passado que se expressa seja pela construção perifrástica, mais enfática, seja pelo imperfeito.

---

[4] Para a classificação e datação dos manuscritos, cf. A. WIKENHAUSER & J. SCHMID, *Introduzione al Nuovo Testamento*, 117-268, e B. ALAND et al. (eds.), *Novum Testamentum Graece*, 684-718.

A forma com o verbo ἀγανακτέω, *indignar-se*, é mais bem atestada, pela quantidade e variedade de manuscritos.

v. 5 ἐπάνω

O advérbio ἐπάνω, literalmente: *acima, além*, está presente, neste versículo, na imensa maioria dos testemunhos textuais. É omitido, porém, pelos manuscritos 517 954 1675, em grego; pelos manuscritos *c k* da *Vetus Latina*; pelo manuscrito Siro-Sinaítico, da *Vetus Syra*; por parte da tradição georgeana, e pelas referências a este versículo em Orígenes († 254), Ambrósio († 397), Jerônimo († 420) e Proclo († 446). Os testemunhos mais antigos desta *omissão* são os manuscritos *Bobbiensis* (*k*) da *Vetus Latina* e o Siro-Sinaítico, e os Padres da Igreja, já que o manuscrito 517, o mais antigo entre os testemunhos textuais gregos citados, remonta apenas ao século XI ou XII.

A mudança de significado do texto pela presença ou ausência de ἐπάνω diz respeito ao preço do perfume, pelo qual poderia ter sido vendido: "por trezentos denários" ou "por mais de trezentos denários". Quantia esta que poderia ter sido dada aos pobres, segundo aqueles que censuram o gesto da mulher que unge Jesus com o valioso perfume. O paralelo de Jo 12,5 traz τριακοσίων δηναρίων, *trezentos denários*, nem mais, nem menos. O paralelo em Mt 26,9 contenta-se com um πολλοῦ, *muito, elevado*, sem entrar em especificações de preço.

Os editores da terceira edição de *The Greek New Testament* consideraram que há "certo grau de dúvida" quanto à presença de ἐπάνω no texto original de Marcos. Esta avaliação foi modificada na quarta edição que a retém como "certa".

Segundo G. D. Kilpatrick, existem alguns elementos que fazem suspeitar que ἐπάνω, *acima*, não constasse no texto original. No âmbito linguístico, ἐπάνω, *acima*, aparece somente aqui no Evangelho segundo Marcos, enquanto, em outra passagem, o evangelista usa πλεῖον, *mais, maior*, (12,43), o que mostra, ao menos, que ele podia ter se expressado de outra maneira em 14,5.

Mas, para Kilpatrick, o argumento principal reside na desvalorização monetária que ocorreu nos séculos I e II. Como exemplo, este autor cita que nos tempos de Augusto um legionário recebia 150 denários anuais, nos tempos de Tibério 225 denários, nos de Domiciano 300 denários, sob Comodo seu soldo anual era de 375 denários, sob Severo passou a 500, chegando a 750 denários sob Caracala. Ele acrescenta ainda que enquanto nos tempos de Nero uma moeda de denário continha 93% de prata, nos tempos de Comodo continha apenas 71%.[5] Desse modo, um vaso de perfume que custasse 300 denários nos anos 60 d.c. custaria cerca de 500 denários por volta de 180 d.C. O termo ἐπάνω, *acima*, seria, pois, uma adição do século II, de um tempo em que a soma de 300 denários tinha se tornado uma quantia modesta.[6]

Bruce M. Metzger, por seu lado, rejeita a hipótese de que ἐπάνω, *acima*, seja uma adição do século II devido à desvalorização monetária após os tempos de Nero, já que são os manuscritos gregos mais antigos que comprovam a presença do advérbio. Segundo ele, a omissão feita por copistas e ou tradutores se explica seja porque ἐπάνω tem uma conotação coloquial, seja pela influência do paralelo de Jo 12,5.[7]

Seguido por números, ἐπάνω, *acima*, aparece duas vezes no Novo Testamento, em Mc 14,5 e em 1Cor 15,6. Em ambos os casos, tratar-se-ia de um uso coloquial. Segundo a gramática grega de Blass-Debrunner-Funk, ἐπάνω, *acima*, é um "substituto vulgar" para πλείων, *mais*.[8]

Teríamos, pois, que a presença de ἐπάνω, *acima*, é bem atestada e há suficientes motivos para explicar tanto sua possível omissão quanto sua possível adição.

---

[5] Para a cronologia dos imperadores romanos citados: Augusto: 27 a.C.-14 d.C., Tibério: 14-37, Nero: 54-68, Domiciano: 81-96, Comodo: 177-192, Severo: 193-211, Caracala: 211-217.
[6] G. D. KILPATRICK, Ἐπάνω Mark xiv.5, 181-182.
[7] B. M. METZGER, *A Textual Commentary on the Greek New Testament*, 95.
[8] BLASS-DEBRUNNER-FUNK, *A Greek Grammar of the New Testament and Other Early Christian Literature*, § 185.

Contudo, não faltam testemunhos antigos que trazem o texto sem ἐπάνω, *acima*, contrariamente ao que faz supor as afirmações de Metzger. Primeiramente, temos o manuscrito Siro-Sinaítico cuja datação, apesar de controvertida, é certamente tardia. Segundo F. Baethgen, F. C. Burkitt, A. Hjelt, A. S. Lewis e P. E. Kahle, trata-se de um manuscrito da segunda metade do século II. Outros estudiosos, entretanto, situam-no no século III ou IV.[9] O próprio Metzger vai situá-lo somente no final do século IV ou início do século V.[10] Em todo caso, este manuscrito é um dos mais antigos testemunhos de Mc 14,3-9 — se não o mais antigo — já que este evangelho é pouco atestado pelos papiros: apenas três papiros, em estado fragmentário, trazem o texto de Marcos. São eles: $\mathfrak{P}^{45.84.88}$. Nenhum deles, porém, vai além de 12,28. Mais ou menos o mesmo se pode dizer a respeito do manuscrito *Bobbiensis* da *Vetus Latina*, originário do norte da África, escrito entre o século IV e o V. Outro testemunho antigo nos vem de Orígenes, que, em seu comentário ao Evangelho segundo Mateus, cita este texto de Marcos da seguinte maneira: ἠδύνατο τοῦτο τὸ μύρον πραθῆναι δηναρίων τριακοσίων, καὶ δοθῆναι πτωχοῖς, *poderia este perfume ter sido vendido por trezentos denários, e dado aos pobres* (MAT. COM. 11,9).[11]

Em seu conjunto, estes testemunhos podem ter conservado o melhor texto, isto é, para o preço do perfume, Marcos teria escrito uma quantia exata. Contra esta possibilidade continuariam pesando os numerosos testemunhos que leem o texto com ἐπάνω, *acima*.

Estas duas passagens que acabamos de ver são as mais significativas do ponto de vista da crítica textual de Mc 14,3-9. Mas restam ainda muitas outras leituras variantes, sobretudo naqueles manuscritos que apresentam as características de um trabalho de recensão, como o Códex Alexandrino e os manuscritos da

---

[9] Cf. A. WIKENHAUSER & J. SCHMID, *Introducción al Nuevo Testamento*, 221.
[10] B. M. METZGER, *The Early Versions of the New Testament*, 38.
[11] E. KLOSTERMANN (ed.), *Origenes Werke, Matthäuserklärung* II,182.

tradição bizantina. Vamos apresentar apenas uma amostragem dessas variantes que nos permitirá ter uma noção de como o texto de Marcos foi copiado e retrabalhado ao longo dos séculos que precederam à invenção da imprensa. Em geral, estas variantes representam um "refinamento" do texto, através de diversos procedimentos:

a) Mudança de vocabulário: por exemplo, no v. 3, na substituição da forma verbal συντρίψασα, *tendo rompido* (verbo συντρίβω, *romper*), pela forma verbal θραύσασα, *tendo quebrado* (verbo θραύω, *quebrar*), que corresponde mais univocamente à noção de "quebrar" e que aparece nos manuscritos D Θ 565.

b) Ajunta de um pronome ou conjunção: por exemplo, no v. 6, a maioria dos manuscritos leem ὁ δὲ Ἰησοῦς εἶπεν, *Mas Jesus disse*, ao que os manuscritos D W Θ 238 565, seguidos por boa parte das versões antigas, acrescentam αὐτοῖς, *lhes*, ou seja, "mas Jesus *lhes* disse". Também no v. 9, alguns manuscritos (W f^{13} 700 892...) acrescentam ὅτι, *que*, após ἀμὴν δὲ λέγω ὑμῖν, *Amém, pois, digo-vos*, fazendo: "Amém, pois, digo-vos *que*...".

c) Omissão para evitar uma repetição: por exemplo, no v. 4, τοῦ μύρου, *do perfume*, que já aparecera no v. 3 é omitido por W f^1 205, por alguns manuscritos da *Vetus Latina* e pela *Vetus Syra*.

d) Inversão da ordem das palavras: por exemplo, no v. 5, é mais provável que o texto original trouxesse δηναρίων τριακοσίων, lit.: *denários trezentos*, que τριακοσίων δηναρίων, *trezentos denários*, conforme os manuscritos A B $f^{1.13}$ 2427, a maioria da tradição bizantina e das versões latinas. De fato, numa outra vez que utiliza a palavra δηναρίων, *denários*, Marcos a faz preceder do numeral que a acompanha (em 6,37).

Outras variantes resultam de formas ambíguas como, por exemplo, o artigo definido em ἀλάβαστρον, *alabastro*, no final do v. 3. Aqui, os manuscritos se dividem entre as formas τήν (fem.), τόν (masc.) e τό (neutro). Outras ainda resultam do influxo de passagens paralelas, como, por exemplo, a substituição, no v. 3, de πολυτελοῦς por πολυτίμου, tal e qual aparece em Jo 12,3. Ambas as palavras têm o significado de "precioso", "de grande valor", sendo que πολυτελοῦς acrescenta uma nuança de "preço elevado". Os manuscritos que efetuaram a mudança são A G W Θ $f^{1.13}$ 205 565 1342 2542...

Estas últimas variantes — apenas uma amostragem — nos mostram um pouco da "vida" de nosso texto. A crítica textual, na busca de encontrar o melhor texto, acaba também sendo testemunha de que o trabalho de produção de manuscritos é igualmente um trabalho de interpretação e de aproximação sinótica. Os métodos utilizados por estes escribas não são, por certo, os da exegese atual, mas esta é tributária daqueles que conservaram e transmitiram os textos bíblicos.

1.3. A casa de Simão e o mundo inteiro: a análise do texto

Vamos agora ler o que Marcos nos conta daquilo que se passou na casa de Simão. O texto já nos é algo familiar, pois já conhecemos sua delimitação e um pouco da história de sua transmissão manuscrita. Antes de passarmos para frente — nosso próximo passo será compreender o texto mais detalhadamente, parte por parte —, vamos procurar tomá-lo como um todo, a fim de não perdermos a visão de conjunto.

Neste ponto de nosso trabalho, a personagem mais importante é o redator. O texto, em seu estágio final, é sua obra, mesmo que ele tenha se servido de fontes para compô-lo. É ele que, no arco-íris das possibilidades, escolhe e ou mistura as cores para escrever *sua* história.

Primeiramente, veremos como o evangelista avança em seu relato e vai estruturando sua narrativa. A seguir, vamos buscar conhecer os pontos centrais de nosso texto e suas referências mais importantes. Enfim, vamos apresentar uma tradução do texto que possa nos ajudar na sequência de nosso estudo.

1.3.1. A estrutura do texto

Depois de termos feito os trabalhos de delimitação da perícope e da crítica textual, o texto que se apresenta para nosso estudo é o seguinte:

3   Καὶ ὄντος αὐτοῦ ἐν Βηθανίᾳ ἐν τῇ οἰκίᾳ Σίμωνος τοῦ λεπροῦ, κατακειμένου αὐτοῦ ἦλθεν γυνὴ ἔχουσα ἀλάβαστρον μύρου νάρδου πιστικῆς πολυτελοῦς, συντρίψασα τὴν ἀλάβαστρον κατέχεεν αὐτοῦ τῆς κεφαλῆς.
4   ἦσαν δέ τινες ἀγανακτοῦντες πρὸς ἑαυτοὺς [καὶ λέγοντες], Εἰς τί ἡ ἀπώλεια αὕτη τοῦ μύρου γέγονεν;
5   ἠδύνατο γὰρ τοῦτο τὸ μύρον πραθῆναι [ἐπάνω] δηναρίων τριακοσίων καὶ δοθῆναι τοῖς πτωχοῖς· καὶ ἐνεβριμῶντο αὐτῇ.
6   ὁ δὲ Ἰησοῦς εἶπεν, "Ἄφετε αὐτήν· τί αὐτῇ κόπους παρέχετε; καλὸν ἔργον ἠργάσατο ἐν ἐμοί.
7   πάντοτε γὰρ τοὺς πτωχοὺς ἔχετε μεθ' ἑαυτῶν καὶ ὅταν θέλετε δύνασθε αὐτοῖς εὖ ποιῆσαι, ἐμὲ δὲ οὐ πάντοτε ἔχετε.
8   ὃ ἔσχεν ἐποίησεν· προέλαβεν μυρίσαι τὸ σῶμά μου εἰς τὸν ἐνταφιασμόν.
9   ἀμὴν δὲ λέγω ὑμῖν, ὅπου ἐὰν κηρυχθῇ τὸ εὐαγγέλιον εἰς ὅλον τὸν κόσμον, καὶ ὃ ἐποίησεν αὕτη λαληθήσεται εἰς μνημόσυνον αὐτῆς.

A partir de uma primeira leitura deste texto, podemos notar que ele se compõe de *narração* e *discurso direto*. Aqui chamamos de narração os momentos do texto em que um narrador está com a palavra e narra um acontecimento. Discurso direto, por sua vez, é quando o narrador cede a palavra às personagens do relato. Em nosso texto, percebemos que a narração, mais importante no início do relato, vai cedendo espaço aos discursos diretos, que passam, então, a dominar o relato.

Encontramos o *primeiro movimento* do texto no v. 3, todo ele composto de narração e estruturado em duas partes. Logo no começo do versículo, temos a partícula καί, *e*, marcando o início da perícope, como já vimos anteriormente. Seguem dois genitivos absolutos que dão o quadro referencial para toda a perícope. Na segunda parte deste versículo, encontramos duas formas verbais principais: ἦλθεν, *veio*, e κατέχεεν, *derramou*, ambas no aoristo indicativo. Elas são usadas para narrar a ação que marca o início do relato.

Os vv. 4-5 avançam para o segundo movimento do texto. Eles se compõem de duas pequenas peças descritivas, às quais se intercala um discurso direto. Ambos os versículos formam um só conjunto unido por algumas partículas. No início do v. 4, a partícula δέ, *porém*, com valor adversativo, marca uma pausa e mudança de rumo em relação ao v. 3. O v. 5 começa com a partícula explicativa γάρ, *pois*, que o vincula ao v. 4. No final do v. 5, ao retomar a palavra, o narrador une, através da partícula καί, *e*, o fim do v. 5 ao início do v. 4, ou seja, as duas peças narrativas. Da parte do narrador, estes dois versículos estão organizados em torno de formas verbais no imperfeito: seja pela sequência perifrástica ἦσαν ἀγανακτοῦντες καὶ λέγοντες, *estavam indignados e diziam*, no v. 4, seja pela forma verbal ἐνεβριμῶντο, *resmungavam*, no v. 5.

Os vv. 6-7 iniciam de maneira muito semelhante aos vv. 4-5. Após uma breve introdução da parte do narrador, tem início um novo discurso direto. A parte do narrador no v. 6, como no v. 4, inicia com a partícula δέ, *mas*, marcando nova pausa com mudança de direção. O v. 7 segue paralelamente ao v. 5, iniciando, como este, com γάρ, *pois*. O v. 8, que inicia sem nenhuma partícula, continua o discurso direto começado no v. 6.

Em seu conjunto, os vv. 4-8 formam o *segundo movimento* do texto, caracterizado pelo verbo λέγω, *dizer*, pela introdução aos discursos diretos e por uma sequência marcada pela presença, ausência e repetição das partículas καί, *e*, δέ, *mas*, e γάρ, *pois*. Esta sequência, que pode ser tomada como sinal de um relato composto,[12] pode igualmente ser compreendida como a sua própria cadência que confere a toda a narrativa um ritmo crescente.

Finalmente, no v. 9, temos o *terceiro movimento* do texto. O versículo começa com ἀμὴν δέ, *amém, pois*, que marca o início de uma declaração solene e indica que estamos diante da conclusão do relato. Aqui, a partícula δέ marca uma pausa, não em contraste com o que precede, mas em sequência progressiva com

---

[12] Cf., por exemplo, W. EGGER, *Metodologia do Novo Testamento*, 172.

o contraste iniciado com o δέ do v. 6. Todo o versículo se compõe de discurso direto, sem interferência imediata do narrador.

Temos, pois, que o texto se organiza em três partes:

> A. v. 3   formado apenas por narração e subdividido em duas partes: 3a e 3b.
> B. vv. 4-8   formado por narração e discurso direto, e subdividido em duas partes: 4-5 e 6-8, de acordo com a mudança de quem toma a palavra.
> C. v. 9   formado apenas por discurso direto, marca a conclusão da narrativa.

1.3.2. *O centro da questão nos discursos diretos*

Continuando nossa análise, percebemos que, em nosso texto, os discursos diretos ocupam mais da metade de todo o tempo do relato.[13] No decorrer da história, o narrador dá a palavra primeiramente a alguns dos presentes e, em seguida, a Jesus. Ora, o que vale para os discursos diretos em geral vale ainda mais para aquele de Jesus, que ocupa pelo menos metade de todo o texto e ao qual não segue uma réplica. Portanto, é a este discurso direto que o evangelista dá mais importância e nele é preciso buscar os elementos decisivos para a compreensão de todo o relato.

O que provoca, contudo, estes discursos é a ação descrita pelo narrador no v. 3. Neste versículo, o evangelista nos conta que uma mulher derrama um alabastro de perfume sobre a cabeça de Jesus. O que ela fez?

No primeiro discurso direto, alguns interpretam este gesto como ἀπώλεια, *desperdício*. No discurso direto de Jesus, este gesto é καλὸν ἔργον, *uma bela obra*, é ὃ ἔσχεν, *o que pôde*, isto é, προέλαβεν μυρίσαι τὸ σῶμά μου εἰς τὸν ἐνταφιασμόν, *antecipou-se a perfumar meu corpo para o sepultamento*, ou seja,

---

[13] Cf. J.-L. SKA: "'Narration time' is the material time necessary to tell (or peruse) the 'discourse' (concrete narrative)", in *"Our Fathers Have Told Us"*, 8.

uma antecipação dos ritos de sepultamento de um corpo. É ainda ὃ ἐποίησεν αὕτη, *o que ela fez*, e que será contado como um memorial para ela. Temos, assim, que esta ação constitui o eixo do relato: narrada no v. 3, a ela se volta de maneira explícita nos vv. 4.6.8.9.

No discurso direto de Jesus há ainda uma volta sobre o que fazem aqueles que estão indignados com a atitude da mulher. Este gesto é interpretado como κόπους παρέχετε, *causais aborrecimento* o que justifica o imperativo Ἄφετε αὐτήν, *Deixai-a!*

O debate entre Jesus e alguns dos presentes tem ainda um outro eixo vinculado à maneira como o perfume poderia ter sido utilizado. Para aqueles que se opõem à mulher, o perfume poderia ter sido vendido e dado aos pobres. Mas esta é uma hipótese não mais realizável, pois o "desperdício" do perfume já está feito, o que se exprime com o verbo γέγονεν, *se fez*, uma forma no perfeito, que expressa uma ação completa.

Jesus se dirige a eles dizendo que agir benevolamente para com os pobres é algo que sempre se pode atualizar, dependendo de que eles o queiram, já que sempre poderão ter os pobres consigo. Jesus, ao contrário, não estará para sempre com eles.

O texto termina com um verbo no futuro: λαληθήσεται, *será contado*, o qual se liga à proposição ὅπου ἐὰν κηρυχθῇ τὸ εὐαγγέλιον, *onde for proclamado o evangelho*. Temos, assim, que o relato termina aberto para o futuro, que será o tempo do anúncio do evangelho e do serviço aos pobres.

1.3.3. As referências do texto

No intuito de compreendermos melhor nosso texto, vamos tentar analisá-lo do ponto de vista sintático, destacando nele aquelas palavras que desempenham as funções de sujeito e complemento verbal e as locuções preposicionais.

Quanto à função de sujeito, antes de mais nada é preciso dizer que em grego o sujeito não precisa ser explicitado, já que pode ser compreendido pela própria forma verbal. É o que várias vezes acontece em nosso texto, quando o sujeito permanece oculto na pessoa do verbo.

Nas partes do relato próprias do narrador aparecem como sujeito: Jesus no v. 6 e no v. 3 através do pronome αὐτοῦ, *ele*, (duas vezes); uma mulher, no v. 3, e alguns, nos vv. 4-5. Estes são os três sujeitos pessoais de nosso relato.

No discurso de alguns dos presentes aparecem como sujeitos: ἡ ἀπώλεια αὕτη τοῦ μύρου, *este desperdício de perfume*, no v. 4; τοῦτο τὸ μύρου, *este perfume*, no v. 5. A atenção, é evidente, está centrada no perfume.

No discurso de Jesus aparecem como sujeito: ele mesmo, como o sujeito de λέγω, *digo*, no v. 9; a mulher, no v. 9 através do pronome αὕτη, *esta*; no v. 6 como sujeito de ἠργάσατο, *praticou*, e ainda como o sujeito da sequência de verbos do v. 8; os mesmos "alguns" que o narrador identifica apenas pelo pronome indefinido τινες, *alguns*, e que, como interlocutores de Jesus, passam a ser o "vós" oculto de vários verbos nos vv. 6-7; e τὸ εὐαγγέλιον, *o evangelho*, no v. 9. No discurso de Jesus, o perfume não aparece nenhuma vez. O sujeito principal de suas frases é a mulher e aqueles que a censuram. Este segundo discurso está, pois, claramente orientado em outra direção em relação ao anterior.

Várias palavras aparecem em nosso texto com a função de complemento verbal. Sobretudo este lugar é ocupado por pronomes que se referem às personagens que já conhecemos: a mulher, Jesus e "alguns" dos presentes. No âmbito pessoal, aparecerem ainda "*os pobres*" (τοῖς πτωχοῖς no v. 5, τοὺς πτωχοὺς e αὐτοῖς no v. 7), sempre nos discursos diretos.

No v. 3, portanto na parte do narrador, a referência do complemento verbal é ἀλάβαστρον, *alabastro*. É de se notar que este termo aparece bem caracterizado pelos quatro genitivos que lhe seguem: μύρου νάρδου πιστικῆς πολυτελοῦς, *de perfume de nardo genuíno, muito caro*, e pela sua repetição. No v. 5, o complemento verbal é uma quantia: δηναρίων τριακοσίων, *trezentos denários*, um complemento de preço expresso em grego com o genitivo, e que, mais uma vez, é uma caracterização do alabastro de perfume, desta vez no primeiro discurso direto.

No discurso direto de Jesus, os complementos verbais dizem respeito sobretudo ao gesto da mulher, como, por exemplo, καλὸν ἔργον, *bela ação*, no v. 6, um complemento de ἠργάσατο, *praticou*. Jesus se refere ainda a seu próprio corpo: τὸ σῶμά μου, *meu corpo*, no v. 8, como complemento de μυρίσαι, *perfumar*.

Temos, finalmente, as locuções preposicionais que aparecem em nosso texto. Duas delas compõem-se com um pronome reflexivo: μεθ' ἑαυτῶν, *convosco*, no v. 7 exprime companhia[14] e πρὸς ἑαυτούς, *entre si*, no v. 4 exprime direção (ou interioridade ou ainda deve-se a um influxo aramaico).

A preposição εἰς, *para*, indica finalidade em Εἰς τί, *Para que*, no v. 4, e em εἰς τὸν ἐνταφιασμόν, *para o sepultamento*, no v. 8, claramente a resposta à questão levantada no v. 4. No v. 9, esta mesma preposição aparece mais uma vez introduzindo a expressão: εἰς μνημόσυνον αὐτῆς, *para memória dela*.

As locuções preposicionais que restam indicam lugar. No v. 3, αὐτοῦ τῆς κεφαλῆς, *na cabeça dele*, depende de κατά, *abaixo*, do verbo κατέχεεν, *versou para baixo*. Neste mesmo versículo, ἐν Βηθανίᾳ ἐν τῇ οἰκίᾳ Σίμωνος τοῦ λεπροῦ, *em Betânia, na casa de Simão, o leproso*, situa todo o relato em um lugar bem determinado. Por outro lado, εἰς ὅλον τὸν κόσμον, *no mundo inteiro*, no v. 9, abre completamente a perspectiva para o mundo inteiro. Assim, quanto ao espaço, Mc 14,3-9 está situado entre dois polos: o do espaço determinado da casa de Simão, em Betânia, e o espaço amplo e indeterminado que abrange todo o mundo.

1.3.4. O texto traduzido

Agora que temos todo o texto grego que vamos tratar nos capítulos seguintes, nada melhor que apresentar uma tradução ao português. Lembrando que toda tradução é sempre uma adaptação que deve levar em conta também as características da língua para a qual se está traduzindo, a tradução que propomos é a seguinte:

---

[14] No caso dos pronomes reflexivos, o uso da 3ª pessoa é comum no grego do Novo Testamento também para as 1ª e 2ª pessoas. Cf. M. ZERWICK, *Biblical Greek*, § 209.

3 E, estando ele em Betânia, na casa de Simão, o leproso, enquanto estava reclinado para uma refeição, veio uma mulher trazendo um alabastro de perfume de nardo genuíno, muito caro, tendo rompido o alabastro derramou-o na cabeça dele.
4 Alguns, porém, estavam indignados entre si e diziam: Para que se fez este desperdício de perfume?
5 Pois este perfume poderia ter sido vendido por trezentos denários e ter sido dado aos pobres. E resmungavam contra ela.
6 Mas Jesus disse: Deixai-a, por que lhe causais aborrecimento? Ela praticou uma bela ação para comigo.
7 Pois sempre tendes os pobres convosco — e quando quiserdes podeis fazer-lhes o bem —, mas não me tendes sempre.
8 O que pôde fez: antecipou-se a perfumar meu corpo para o sepultamento.
9 Amém, eu ainda vos digo: onde for proclamado o evangelho, no mundo inteiro, também o que ela fez será contado em sua memória.

2

O GESTO E SUA INTERPRETAÇÃO
A EXEGESE DO TEXTO

Passemos, então, ao segundo capítulo. Aqui, vamos buscar uma compreensão pormenorizada de nosso texto, passo a passo.

Para o estudo que faremos a seguir tomaremos em consideração a divisão do relato de Mc 14,3-9 em três partes, como vimos anteriormente. Segundo as etapas de uma trama narrativa, o v. 3 é o *enlace*, o início da narrativa. O v. 9 é onde encontramos o final da história, ou *desenlace*. Nos versículos intermediários, isto é, de 4 a 8, é onde encontramos o *desenvolvimento* da trama narrativa.

Em cada uma dessas etapas buscaremos compreender nossa perícope levando em conta os elementos que a compõem segundo a própria sequência do texto.

2.1. Enlace: v. 3

Reassumindo o que já vimos anteriormente, temos que o v. 3 é o início marcante de nossa história: ao que aí é narrado voltar-se-á várias vezes. Ele é composto de duas partes:
3a – contém uma ambientação que vale para toda a narrativa, e
3b – descreve a ação inicial do relato.

3a	Καὶ ὄντος αὐτοῦ ἐν Βηθανίᾳ ἐν τῇ οἰκίᾳ Σίμωνος τοῦ λεπροῦ, κατακειμένου αὐτοῦ
3a	E, estando ele em Betânia, na casa de Simão, o leproso, enquanto estava reclinado para uma refeição,

Gramaticalmente, temos aqui a partícula καί, *e*, marcando o início de uma nova perícope, temos duas formas verbais: ὄντος, *estando*, e κατακειμένου, *reclinado*, ambas no particípio presente, formando dois genitivos absolutos aos quais acompanha o pronome αὐτοῦ, *ele*, exercendo a função de sujeito e referindo-se a Jesus. Temos enfim, uma locução preposicional de lugar que situa toda a perícope num espaço determinado: ἐν Βηθανίᾳ ἐν τῇ οἰκίᾳ Σίμωνος τοῦ λεπροῦ, *em Betânia, na casa de Simão, o leproso*.

No Evangelho segundo Marcos, Jesus aparece várias vezes em uma casa e quase sempre em companhia de seus discípulos. Em 1,29, após saírem da sinagoga de Cafarnaum, Jesus vem para a casa de Simão e André. Em 2,1, Jesus volta para casa, em Cafarnaum. Em 2,15, ele está na casa de Levi, para uma refeição com publicanos e pecadores e com seus discípulos. Em 3,20, Jesus volta para casa e novamente atrai para lá uma multidão. Mais adiante, em 5,38, ele se encontra na casa de Jairo, o chefe da sinagoga. Em 7,24, Jesus vai para uma casa na região de Tiro, e, em 9,33, volta para a casa em Cafarnaum. Em 7,17; 9,28; 10,10, Jesus está em uma casa com seus discípulos, os quais lhe perguntam a respeito de algo. Finalmente, em 14,3, Jesus está na casa de Simão, em Betânia.[1]

Pode-se notar, portanto, que a *casa* em Marcos tem uma conotação especial. É, antes de tudo, um lugar de discipulado: é ali que Jesus se encontra a sós com seus discípulos e os ensina. Ali Jesus explica mais pormenorizadamente o que antes dissera em presença da multidão. No seguimento de Jesus, a casa tem o significado de um lugar de parada e aprofundamento. A casa é ainda lugar de encontro de Jesus com as pessoas que vêm a sua procura com as mais diversas necessidades. Podemos dizer que, através da noção de casa, Marcos projeta e representa a comunidade cristã que se reúne em torno de Jesus.[2]

---

[1] Ao longo deste estudo, as cotações do Novo Testamento foram feitas a partir de *Concordance to the Novum Testament Graece*, ed. by The Institute for New Testament Research and the Computer Center of Münster University, 1987[3].

[2] F. MANNS, Le thème de la maison dans l'évangile de Marc, 1-17.

Assim, em 14,3-9, a menção de uma casa no início da perícope já nos coloca de sobreaviso de que estamos para ouvir um ensinamento importante de Jesus para a comunidade de seus discípulos.

A casa em questão pertence a Simão. Este é um nome comum entre judeus, mas também entre gregos, como é atestado pelos papiros antigos.[3] Como nome hebraico vem de *Šim'ôn*, o nome do segundo filho que Lia dá a Jacó. No contexto das rivalidades entre Lia e Raquel, o nome do menino é explicado pela mãe, que diz: "*Javé ouviu* que eu não era amada e me deu também este" (Gn 29,33).[4] No Novo Testamento aparecem várias personagens com este nome. No Evangelho segundo Marcos temos Simão que recebe o nome de Pedro; Simão, o zelota, também do grupo dos Doze; um dos irmãos de Jesus (6,3); Simão cirineu (15,21), e Simão, o leproso, habitante de Betânia.

Na verdade, o que mais causa dificuldade é o apelativo *o leproso*, que segue o nome de Simão. Pela ocorrência geral da palavra no Novo Testamento percebe-se que Jesus era tido como alguém que purificava leprosos. Purificar leprosos faz parte das obras que atestam que Jesus é o Messias (Mt 11,15; Lc 7,22) e das obras que devem realizar os seus discípulos (Mt 10,8). Ora, aqui não se fala que Simão tenha sido "purificado". De acordo com Lv 13,45-46, um leproso deveria trazer as vestes rasgadas, os cabelos desalinhados, o bigode coberto, clamar: Impuro! Impuro!, e morar fora do acampamento. Este parece ser bem o pano de fundo de Mc 1,40-45, que narra a purificação de um leproso por Jesus, mas não parece ser tomado em consideração na perícope da unção em Betânia.

Para este problema já estiveram atentos alguns escritores patrísticos. Beda (†735), por exemplo, nos diz que Simão já não era mais leproso, pois havia sido curado por Jesus. A alcunha,

---

[3] J. H. MOULTON and G. MILLIGAN, *The Vocabulary of the Greek Testament Illustrated from the Papyri and Other Non-literary Sources*, 575.

[4] Excetuando-se Mc 14,3-9, em geral, os textos bíblicos são apresentados segundo a tradução portuguesa de *A Bíblia de Jerusalém*, edição brasileira de 1992.

contudo, tinha ficado!⁵ Outra solução bem diferente foi proposta por C. C. Torrey, para quem a palavra original em aramaico subjacente ao grego λεπροῦ, *leproso*, tem as mesmas consoantes com as quais é possível escrever tanto "leproso" quanto "comerciante de potes". Como o primeiro significado é mais usado, acabou sendo tomado pelo segundo. Assim, Torrey traduz Mc 14,3 da seguinte maneira: *Simon the jar-merchant*.⁶ Esta posição, contudo, não é aceita por M. Black, para quem, em aramaico, a palavra *garba* é comum para leproso e, no mais, não há uma única atestação de *garabha* em todo o léxico da literatura aramaica.⁷ Uma solução mais recente foi proposta por P. Lapide, também a partir de um possível erro de leitura. Para este autor, *Shimon ha-tzanu'a*, isto é, "Simão, o essênio (= piedoso, humilde)", foi lido como *Shimon ha-tzaru'a*, ou seja, "Simão, o leproso".⁸

Na verdade, Marcos não se detém ao apresentar Simão. Talvez a alcunha de leproso sirva, simplesmente, para diferenciá-lo das outras pessoas com o mesmo nome no evangelho. Tomando o texto como está, temos, pois, que Jesus está na casa de um homem chamado Simão, ao que parece, um nome muito comum em seu tempo entre sua gente. Se o homem foi um leproso, certamente já estaria curado, pois, se ainda o fosse, possivelmente estaria excluído do convívio social. Sua enfermidade, entretanto, teria lhe valido o apelativo.

Que o contexto é o de uma refeição se percebe pelo verbo κατάκειμαι. Em Marcos, este verbo aparece com dois significados básicos derivados: *estar reclinado em uma cama*, como no caso da sogra de Pedro que estava doente (1,30), ou do paralítico transportado até Jesus sobre um leito (2,4), e *estar reclinado para uma refeição*, como em 14,3 e 2,15 em que Jesus está em uma refeição com Levi e muitos publicanos e pecadores. Mateus não

---

⁵ Citado por THOMÆ AQUINATIS, *Catena Super Marci Evangeliorum*, XIV,3.
⁶ C. C. TORREY, *The Four Gospels*, 296.
⁷ M. BLACK, *An Aramaic Approach to the Gospels and Acts*, 9.
⁸ P. LAPIDE, Hidden Hebrew in the Gospels, 31-33.

utiliza este verbo, empregando para as passagens paralelas de Mc 14,3 (Mt 26,7) e Mc 2,15 (Mt 9,10) o verbo ἀνάκειμαι. Lucas, como Marcos, utiliza κατάκειμαι em seus dois sentidos, inclusive em 7,37, para Jesus que está reclinado para uma refeição em casa de um fariseu, num texto que guarda suas relações com a unção de Jesus em Betânia. O ponto comum entre estes dois significados derivados é o fato de que a pessoa se encontra reclinada. Esta era a posição típica no mundo mediterrâneo antigo em um banquete festivo.[9] Podemos assim, compor um pouco melhor pela imaginação o quadro em que acontece a cena que será narrada a seguir.

> 3b ἦλθεν γυνὴ ἔχουσα ἀλάβαστρον μύρου νάρδου πιστικῆς πολυτελοῦς, συντρίψασα τὴν ἀλάβαστρον κατέχεεν αὐτοῦ τῆς κεφαλῆς.
> 3b veio uma mulher trazendo um alabastro de perfume de nardo genuíno, muito caro, tendo rompido o alabastro derramou-o na cabeça dele.

Nosso pequeno texto é formado por duas orações unidas entre si sem um vínculo formal, isto é, temos aqui uma construção assindética. Esta construção está caracterizada pela ausência da partícula καί, *e*, antes da forma verbal συντρίψασα, *tendo rompido*. Segundo M. Black, este tipo de construção é mais comum em aramaico que em grego e pode ser tomada como um exemplo de um tipo de influxo aramaico frequentemente encontrado em Marcos.[10] Alguns manuscritos acrescentaram a partícula καί, *e*, (A C W X Y Γ Δ Π Σ Φ e outros) eliminando, assim, o *assindéton*.

Em ambas as orações, o sujeito de todos os verbos é *uma mulher*. Quanto às formas verbais, temos um aoristo (ἦλθεν, *veio*) acompanhado de um particípio presente (ἔχουσα, lit.: *tendo*), indicando ação concomitante, isto é, "veio trazendo", e outro aoristo (κατέχεεν, *derramou*)[11] precedido por um particípio aoristo

---

[9] D. E. SMITH, The Historical Jesus at Table, 468-469.
[10] M. BLACK, *An Aramaic Approach to the Gospels and Acts*, 38-41.
[11] κατέχεεν pode também ser uma forma de imperfeito, como se encontra no grego clássico. O grego coiné acabou por confundir as duas formas.

(συντρίψασα, *tendo rompido*), indicando ação anterior, isto é, "tendo rompido derramou".

A referência que aparece no texto é o alabastro, termo que aparece duas vezes. Em geral, as versões antigas, evitando a repetição, substituíram a segunda ocorrência por um pronome, como, por exemplo, o manuscrito *k* (Bobbiensis) da *Vetus Latina* que traz *fracto eo*. O beneficiário da ação da mulher é Jesus, sobre quem ela derrama o perfume.

Mas afinal, quem é esta mulher? O paralelo do Evangelho segundo João (12,1-8) nos fala de Maria, a irmã de Marta e Lázaro. Mas esta referência não pode ser tomada para o Evangelho segundo Marcos. De fato, o Evangelho segundo João vincula o relato da ressurreição de Lázaro com o da unção de Jesus em Betânia. No início do relato da ressurreição de Lázaro, este evangelho se refere à unção em Betânia (Jo 11,2), e no início do relato da unção em Betânia refere-se à ressurreição de Lázaro (Jo 12,1). Em Marcos, porém, os três irmãos de Betânia não aparecem e, aqui, Jesus está na casa de certo Simão.

No decorrer de todo o Evangelho segundo Marcos, aparecem várias mulheres, nem todas referidas por seu nome. Várias são mulheres anônimas, mas nem por isso insignificantes no conjunto do evangelho. As mulheres que aparecem em Marcos são: a sogra de Simão (1,30-31); Maria, a mãe de Jesus e suas irmãs (3,31-35; 6,3); a mulher hemorroíssa (5,25-34); a filha de Jairo (5,21-24.35-43) e a mãe da menina (5,40); Herodíades, a mulher de Filipe, irmão de Herodes e sua filha (6,17-28); a mulher siro-fenícia (7,25-30); a viúva que deposita sua oferta no tesouro do Templo (12,42-44); a criada do sumo sacerdote (14,66-69); as mulheres que, de longe, acompanham Jesus no calvário (15,40-41) estão presentes em seu sepultamento (15,47) e dirigem-se ao túmulo na manhã da ressurreição (16,1-8), das quais Marcos menciona os nomes de Maria Madalena, Maria, mãe de Tiago Menor e de Joset e Salomé. A estas se soma a mulher que unge Jesus em Betânia, de quem o relato de Marcos não conservou o nome.

Ela entra trazendo um alabastro, o mesmo termo que aparece no paralelo de Mt 26,7 e em Lc 7,39, no episódio da pecadora que unge os pés de Jesus. Alabastro aqui significa certamente um frasco feito de alabastro, comumente utilizado na Antiguidade para conter perfumes. Beda nos diz que o alabastro é um tipo de mármore cândido, salpicado de várias cores, apropriado para conservar unguentos.[12] Na verdade, é uma variedade de calcita que se difundiu no mundo antigo a partir do Egito. Um frasco de alabastro para perfumes era em geral pequeno e delgado, de cerca de 15 a 20 cm.

Perfume é algo que faz parte da vida humana desde tempos remotos. A ele está ligado o prazer sensitivo de sentir um aroma agradável, mas também algo de místico e mágico. A própria natureza é a fonte primeira dos aromas, inclusive proporcionando as matérias-primas para a elaboração de bálsamos, óleos e essências perfumadas. O Antigo Testamento nos oferece um bom quadro da variedade de usos dos perfumes no mundo antigo. Aí encontramos o óleo cosmético, cujo não uso podia ser interpretado como sinal de luto ou penitência, como vemos em 2Sm 14,2 e Dn 10,3.[13] O perfume está ligado à sedução feminina, como vemos em Jd 10,3. O perfume também está presente no âmbito do sagrado, como nos mostra Ex 30,22-38, que nos dá a receita de dois perfumes, um para ungir a Tenda da Reunião, a Arca do Testemunho, o Altar com seus acessórios e os sacerdotes, e outro para ser oferecido diante do Testemunho na Tenda da Reunião. O perfume está ainda ligado à morte: 2Cr 16,14 nos conta como o rei Asa foi sepultado num túmulo repleto de perfumes e unguentos. Um dos mais belos textos do Antigo Testamento que nos fala de perfumes é certamente o Sl 133(132), que compara a fraternidade com um óleo perfumado que cai sobre a cabeça de Aarão e vai descendo pela barba até a gola de sua veste.

Um perfume pode ser também uma riqueza, como o encontramos fazendo parte dos tesouros do rei Ezequias (Is 39,2), ou

---

[12] Citado por THOMÆ AQUINATIS, *Catena Super Marci Evangeliorum*, XIV,3.
[13] As cotações do Antigo Testamento foram feitas segundo o texto grego a partir de E. HATCH and H. A. REDPATH (eds.), *A Concordance to The Septuagint and other Greek Versions of the Old Testament*.

na lista de produtos que eram trazidos para a cidade da Babilônia do Apocalipse e que enriquecia seus mercadores (Ap 18,11-13). Ainda no Novo Testamento, João nos relata como o corpo de Jesus foi envolvido em um pano de linho com aromas de mirra e aloés antes de ser colocado no sepulcro, à maneira como os judeus costumam sepultar (Jo 19,39-40). Portanto, mais uma atestação que liga perfume a ritos fúnebres.

No caso de Mc 14,3, o evangelista explicita que se trata de um perfume de nardo. O nardo é uma planta nativa da Índia, e o perfume é extraído de sua raiz. Sua utilização vai da elaboração de um cosmético para fortalecer os cabelos ou para atrair a pessoa amada, ao uso medicinal, como o demonstra um livro de medicina em siríaco, provavelmente proveniente de Edessa, ou ainda é utilizado em cerimônias fúnebres. Segundo o Targum Baboniense, era um dos ingredientes usados para produzir o incenso do Templo, o que demonstra certa influência persa, já que o nardo não fazia parte dos ingredientes usados para a preparação dos perfumes rituais de Ex 30,22-38.[14]

No Antigo Testamento, o nardo aparece somente no Cântico dos Cânticos, mencionado entre outras fragrâncias nos cantos de amor entre amado e amada. Particularmente interessante é a ocorrência em 1,12 —

"*Enquanto o rei está em seu divã*
meu nardo difunde seu perfume"

— pois traz alguns elementos em comum com nossa perícope: o perfume de nardo e o fato do "rei" estar em um divã, talvez evocando o contexto de um banquete.

Marcos caracteriza o nardo com dois adjetivos: πιστικῆς e πολυτελοῦς. O primeiro deles é o que tem causado mais problemas. Segundo Blass-Debrunner-Funk, πιστικῆς é um adjetivo formado com o sufixo -ικός, derivado de πιστός ou πίστις, com

---

[14] J. P. BROWN, The Mediterranean Vocabulary of the Vine, 160-164; W. H. SCHOFF, Nard, 216-228.

o significado de *genuíno*.¹⁵ Em seu dicionário Bauer registra que πιστικός em escritores tardios significa aquilo que é digno de fé, confiável, e num sentido derivado, genuíno, inalterado.¹⁶ Mas outras interpretações foram também propostas. Jerônimo interpretou o adjetivo como "verdadeiro e sem falsidade". Teofilacto († 1077) e Eutímio (séc. XII) interpretam como "genuíno". Mas Agostinho († 430) tomou πιστικῆς como uma referência ao lugar de origem do nardo.¹⁷ Para W. Houghton, νάρδου πιστικῆς refere-se a um artigo importado e, por conseguinte, o nome deste artigo também é de origem estrangeira. Neste caso, o termo grego πιστικῆς seria um adjetivo formado do sânscrito que se refere ao nome da planta (*pisitâ* ou *nardostachys*) da qual o nardo era extraído. Ele propõe, assim, como tradução para νάρδου πιστικῆς, "perfume da Índia" (*Indian ointment*).¹⁸

Existe ainda a possibilidade de que se trata de uma transliteração de uma palavra aramaica. A hipótese foi levantada por Lightfoot, em seu livro *Horæ Hebraicæ*, seguindo Plínio para a composição do perfume de nardo que contém seis elementos, entre os quais *balaninum* ou *myrobalanum*, um líquido extraído do pistache, um solvente para perfumes, ele mesmo sem odor, mas com grande propriedade para reter o odor dos outros ingredientes. *Myrobalanum* é, pois, o óleo extraído do *balanus*, que em aramaico é *PYSTQ'*, uma palavra que aparece tanto no Talmud Babilonense quanto no Talmud Palestinense. Assim, *Myrobalanum* equivaleria em aramaico a *mura pistaqa*, que a partir de uma simples transliteração teria gerado no grego o termo πιστικῆς. É possível, mas não é seguro.¹⁹

Em resumo, temos por um lado que talvez o melhor seja preferir o significado de *autêntico*, já que o nardo, devido a seu custo

---

15 BLASS-DEBRUNNER-FUNK, *A Greek Grammar of the New Testament and Other Early Christian Literature*, § 113.
16 W. BAUER, *A Greek-English Lexicon of the New Testament and Other Early Christian Literature*, 662.
17 Ver W. HOUGHTON, The Pistic Nard of the Greek Testament, 144.
18 W. HOUGHTON, The Pistic Nard of the Greek Testament, 146.
19 Cf. M. BLACK, *An Aramaic Approach to the Gospels and Acts*, 160-161.207.

elevado, era frequentemente alterado.[20] Por outro lado, temos a possível referência a um fundo aramaico, que em nosso texto, no qual abundam os aramaismo, é igualmente sustentável.[21]

Resta notar que, em todo o Novo Testamento, as palavras νάρδου πιστικῆς, isoladas ou juntas, aparecem somente em Mc 14,3 e Jo 12,3, o que pode ser o indício de uma fonte comum que teria sido utilizada por ambos evangelistas na composição de seus respectivos relatos ou de alguma forma de dependência ou interdependência entre eles.

Por sua vez, o adjetivo πολυτελοῦς que também caracteriza o perfume é formado de πολύς (muito) + τέλος (preço), portanto, *muito caro*. Este mesmo adjetivo é também usado em 1Tm 2,9, para vestidos de *alto preço* e aparece algumas vezes no Antigo Testamento, sobretudo para pedras *preciosas* (1Cr 29,2; Jd 10,21; Pr 3,15; etc.).

Temos assim que o alabastro de perfume aparece muito bem caracterizado. Comparado com os relatos paralelos, Marcos é o evangelista que insite mais em sua caracterização. Podemos dizer que se trata de um artigo de importação, de excelente qualidade e de alto preço.

A mulher rompe o alabastro e derrama o perfume sobre a cabeça de Jesus. Somente Marcos observa que a mulher quebra o frasco a fim de derramar o perfume mais abundantemente, num gesto de prodigalidade. Aqui notamos ainda a presença do verbo καταχέω, composto com a preposição κατά, e que, literalmente, significa "derramar para baixo". Este verbo, em todo o Novo Testamento, aparece somente aqui e no paralelo de Mt 26,7. Na LXX nunca aparece com óleo de unção como objeto ou com o significado de ungir (Gn 39,21; Jó 41,15; Sl 88(89),45; 2Mc 1,31). Mas este significado aparece em Flávio Josefo, quando ele conta a unção de Jeú como rei de Israel: λαβὼν ὁ νεανίσκος τὸ ἔλαιον κατέχεεν αὐτοῦ τῆς κεφαλῆς, *tomando o jovem o azeite,*

---

[20] M.-J. LAGRANGE, *Évangile selon saint Marc*, 367.
[21] V. TAYLOR, *The Gospel According to St. Mark*, 531.

derramou na cabeça dele (Ant. 9,108).²² A LXX utiliza nessa mesma passagem a forma verbal ἐπέχεεν (2Rs 9,6), literalmente "derramou sobre". A questão que se coloca, pois, é a seguinte: na maneira como Marcos narra o gesto da mulher, no vocabulário que utiliza, é possível ver a narração de uma unção?

No Antigo Testamento, o verbo por excelência para indicar uma unção é *MŠH*, que na LXX corresponde, em geral, a χρίω, *ungir*. Este verbo é usado para designar a unção real, a unção sacerdotal, ou ainda a unção de utensílios ligados ao culto. O verbo *SWK*, na LXX geralmente traduzido com ἀλείφω, também aparece para designar uma unção, mas sobretudo com óleo cosmético. Temos ainda os verbos *YÇQ*, que na LXX aparece em geral traduzido por ἐπιχέω com o significado de derramar (óleo), e o verbo *DŠN*, vertido pela LXX com o verbo λιπαίνω, mais com o significado de untar.

Temos, assim, que a Bíblia conhece uma diversidade de unções que se expressa inclusive por uma variedade de vocabulário. O que não quer dizer que seja possível delimitar exatamente a extensão do significado de cada verbo elencado no parágrafo acima. Por exemplo, em Jd 10,3 trata-se, evidentemente, de uma unção com óleo cosmético, no entanto, o verbo utilizado em grego é χρίω. Entre os vários texto bíblicos que utilizam o vocabulário do campo semântico da unção, vamos destacar alguns que apresentam igualmente outras afinidades com Mc 14,3-9. São eles:

a) Ex 29,4-7 — unção sacerdotal de Aarão, com óleo sobre a sua cabeça;
b) 1Sm 16,1-13 — unção real de Davi por Samuel, com óleo, e no contexto de uma refeição (ver também 1Sm 10,1, a unção de Saul por Samuel, com óleo sobre a cabeça dele);
c) 2Rs 9,1-10 — unção real de Jeú, com óleo sobre a sua cabeça;
d) Am 6,1-7 — unção no contexto de um banquete;

---

[22] Citado por W. BAUER, *A Greek-English Lexicon of the New Testament and Other Early Christian Literature*, 420.

e) Sl 23(22),5 — unção com óleo sobre a cabeça no contexto de um banquete. O mesmo aparece em Lc 7,44-46, onde a unção sobre a cabeça entra no quadro das boas maneiras de acolhida em um banquete;
f) Rt 3,3; 2Sm 14,2; Jd 10,3; Est 2,12 — unção cosmética que realça a beleza feminina; também utilizada por homens: 2Sm 12,20; Qo 9,8; Dn 10,3 (ver ainda Mt 6,7);
g) 2Cr 16,14; Mc 16,1; Lc 23,56–24,1; Jo 19,39-42 — aromas e unção como parte de um rito fúnebre.

O Novo Testamento conhece ainda uma unção dos doentes, como aparece em Mc 6,13; Lc 10,34 e Tg 5,14.

O que nos é possível dizer ao final desta pesquisa é que, no contexto bíblico, há uma variedade de modos de unção, expressos de diversas maneiras, de modo que o vocabulário usado por Marcos neste versículo com o qual nos ocupamos não é inteiramente estranho ao vocabulário usual e polissêmico para expressar uma unção.

A aproximação de Mc 14,3-9 com outros textos bíblicos que se referem a uma unção é útil, além do mais, por nos ajudar a compreender o contexto cultural que forma o pano de fundo de nossa perícope. Já vimos anteriormente como a maneira típica de se tomar uma refeição no mundo antigo — reclinado — influi na imagem que podemos compor da cena que vai se desenrolar. Agora, colhemos esta diversidade de significados de uma unção. Por enquanto, vamos seguir com esta diversidade e esperar que o próprio texto nos ajude a situá-la em seu significado.

No momento em que estamos, todavia, um texto do Antigo Testamento nos parece mais sugestivo entre todos por apresentar mais pontos de contato com Mc 14,3. Trata-se do Sl 23(22),5. Vejamos:

"*Diante de mim preparas uma mesa*
à frente dos meus opressores;
unges minha cabeça com óleo,
e minha taça transborda."

Para além da unção na cabeça no contexto de um banquete festivo, temos ainda a menção dos opressores. Ora, há pouco Marcos nos informou que os chefes dos sacerdotes e os escribas procuravam prender Jesus e matá-lo (14,1-2). A situação presente de Jesus é, pois, semelhante àquela do salmista que, em meio a dificuldades, experimenta a proteção do *Senhor* e canta a segurança que encontra no cajado do Pastor que o conduz.

Na literatura patrística, encontramos um belo texto que se inspira na unção de Jesus em Betânia, na Carta aos Efésios de Inácio de Antioquia (†110):

Διὰ τοῦτο μύρον ἔλαβεν ἐπὶ τῆς κεφαλῆς αὐτοῦ ὁ κύριος, ἵνα πνέῃ τῇ ἐκκλεησίᾳ ἀφθαρσίαν.
Por isso o Senhor recebeu um perfume sobre sua cabeça:
a fim de exalar para a Igreja a incorruptibilidade (Ignatius ad Eph. XVII,1).[23]

Notemos que Inácio faz uma interpretação simbólica e eclesial da unção de Jesus. Mas notemos também que sua citação está em paralelo com o texto de Marcos e Mateus, nos quais Jesus recebe o perfume sobre sua cabeça, e não com o de João, no qual Jesus é ungido em seus pés. Mas esta é uma diferença com a qual nos ocuparemos mais adiante, ao confrontarmos Mc 14,3-9 com seus textos afins nos outros evangelhos.

2.2. Desenvolvimento: vv. 4-8

Entramos agora no corpo do texto, no qual encontramos os dois discursos diretos importantes no conjunto de nossa perícope. Segundo estes discursos, vamos dividir nosso estudo em duas partes:

vv. 4-5 — discurso direto de alguns dos presentes, e
vv. 6-8 — discurso direto de Jesus.

---

[23] P. T. CAMELOT (ed.), *Ignace d'Antioche, Polycarpe de Smyrne*, 86.

> 4 ἦσαν δέ τινες ἀγανακτοῦντες πρὸς ἑαυτοὺς [καὶ λέγοντες], Εἰς τί ἡ ἀπώλεια αὕτη τοῦ μύρου γέγονεν;
> 5 ἠδύνατο γὰρ τοῦτο τὸ μύρον πραθῆναι [ἐπάνω] δηναρίων τριακοσίων καὶ δοθῆναι τοῖς πτωχοῖς· καὶ ἐνεβριμῶντο αὐτῇ.
>
> 4 Alguns, porém, estavam indignados entre si e diziam: Para que se fez este desperdício de perfume?
> 5 Pois este perfume poderia ter sido vendido por trezentos denários e ter sido dado aos pobres. E resmungavam contra ela.

Nestes versículos temos, pois, o primeiro discurso direto, intercalado por duas breves peças narrativas. Neles aparecem as duas questões de crítica textual mais importantes, que foram tratadas na primeira parte de nosso estudo.

A primeira parte do v. 4: ἦσαν δέ τινες ἀγανακτοῦντες πρὸς ἑαυτοὺς [καὶ λέγοντες], *estavam, pois, alguns indignados entre si e diziam*, apresenta várias dificuldades que vamos tentar aprofundar agora. W. Bauer registra que a construção de Mc 14,4 é incomum: talvez signifique que alguns expressavam seu descontentamento uns com os outros. Em outros textos em que aparece o verbo ἀγανακτέω, *indignar-se*, a preposição πρός introduz aquele a quem o descontentamento é dirigido. Por exemplo, ὁ ἄρχων ἠγανάκτησε πρός με, *o chefe indignou-se comigo*, em Dio Chrysostom († ap. 120).[24] No Novo Testamento, contudo, esta mesma construção aparece com a preposição περί, em Mc 10,41 e em seu paralelo em Mt 20,24. Ali se diz que os "dez" indignavam-se contra (περί) Tiago e João, por causa do pedido que estes haviam feito a Jesus (Mc 10,35-40). Na LXX, a mesma construção utiliza a preposição κατά (Sb 5,22).

A respeito de πρὸς ἑαυτούς, M. Black escreve que o lugar do pronome reflexivo nas línguas semíticas é ocupado por um tipo de construção chamada de *dativus ethicus*, raramente utilizada

---

[24] Citado em W. BAUER, *A Greek-English Lexicon of the New Testament and Other Early Christian Literature*, 4.

em grego, mas bastante comum em aramaico como uma maneira de reforçar a ação do sujeito. Quanto à oração em questão, o sentido aparente é de que "alguns estavam aborrecidos consigo mesmos" ou "entre si", os únicos possíveis sem forçar demais as possibilidades de significado de πρός. Mas, levando em conta um possível influxo aramaico, teríamos que "alguns estavam realmente aborrecidos", que provê um excelente sentido para a oração segundo este autor.[25]

Esta proposta de Black é bastante coerente, tanto pelas dificuldades do texto grego de Mc 14,4, quanto pela sua argumentação a partir da utilização deste tipo de estrutura linguística no aramaico.[26] A dificuldade, porém, fica por conta do uso relativamente frequente, no Evangelho segundo Marcos, da locução preposicional πρὸς ἑαυτούς, geralmente acompanhada do verbo λέγω, *dizer* (1,27; 9,10; 10,26; 11,31; 12,7; 14,4; 16,3), como já vimos por ocasião do estudo da crítica textual. Nestes casos, a interpretação *entre si* é aquela que se impõe. Fora do Evangelho segundo Marcos, esta locução preposicional aparece quatro vezes em Lucas e duas vezes em João. O sentido de *entre si* é claro em Lc 20,5 (paralelo a Mc 12,31); 22,23; Jo 7,35; 12,19. Lc 18,11 tem o sentido de *interiormente*, como talvez também Mc 9,10. Lc 24,12 tem um sentido específico de *para casa*.

Em seu dicionário, Buzzetti registra para ἑαυτοῦ os significados de pronome reflexivo (si mesmo), pronome possessivo (seu, sua) e pronome recíproco (um ao outro, entre si).[27] Certamente, é neste último caso que se deve interpretar o uso frequente de πρὸς ἑαυτούς em Marcos. Sem negar a possibilidade de que em 14,4 esta locução possa ser o reflexo de um influxo aramaico como

---

[25] M. BLACK, *An Aramaic Approach to the Gospels and Acts*, 76-77.
[26] Basta, como exemplo, a maneira como a antiga versão siríaca traduziu esta oração: *w-'it-hww 'nš' d-'tb'š l-hwn b-npšhwn w-'mrin* (em negrito a locução que corresponde à repetição do sujeito pelo pronome precedido da preposição *l-*). A. S. LEWIS (ed.), *The Old Syriac Gospels or Evangelion Da-Mepharreshê*, 112.
[27] C. BUZZETTI, *Dizionario base del Nuovo Testamento greco-italiano*, 44.

propõe Black, preferimos, entretanto, tomar πρὸς ἑαυτούς como *entre si*, como nas outras ocorrências em Marcos, sobretudo considerando, como fizemos, καὶ λέγοντες, lit.: *e dizendo*, como parte do texto original. Teríamos, assim, que *alguns estavam indignados entre si e diziam*.

O discurso direto que vem a seguir começa também com uma locução preposicional: Εἰς τί, *Para que*, numa oração interrogativa que pergunta pela finalidade. O emprego de εἰς, *para*, para exprimir finalidade é conhecido do grego clássico, mas a locução εἰς τί lembra o hebraico *mâ zeh*.[28] Marcos utiliza novamente esta locução em 15,34, ao traduzir em grego o grito de Jesus na cruz. Ali, εἰς τί corresponde a *lema* no aramaico.

O objeto da pergunta que segue diz respeito ao perfume e à maneira como foi utilizado. Temos aqui a primeira volta sobre o gesto da mulher que derramou o perfume sobre a cabeça de Jesus e sua primeira interpretação: trata-se de um desperdício! Podemos inclusive dizer que a pergunta que segue é retórica, pois, caracterizando o gesto como desperdício, já o interpreta como sem sentido. A expressão ἡ ἀπώλεια αὕτη τοῦ μύρου, *este desperdício de perfume*, é bem determinada, inclusive pelo uso do artigo antes de ἀπώλεια, *desperdício*, um nome abstrato que indica algo em si mesmo. A presença de artigo junto a esses nomes aplica a coisa em si ao caso concreto.[29] E segue-lhe ainda um adjetivo demonstrativo.

O substantivo ἀπώλεια significa *ruína*, *destruição*, e aparece no Novo Testamento em suas duas nuanças: a destruição que alguém experimenta: *aniquilamento* ou *perdição*, ou a destruição que alguém pode causar: *desperdício*.[30] O primeiro sentido é mais comum, mas em Mc 14,4 é o segundo sentido que aparece.

O discurso direto que estamos analisando é composto ainda por uma segunda oração, que postula uma ação hipotética irreal.

---

[28] M.-J. LAGRANGE, *Évangile selon saint Marc*, 368.
[29] G. NOLLI, *Evangelo secondo Marco*, 346.
[30] W. BAUER, *A Greek-English Lexicon of the New Testament and Other Early Christian Literature*, 103.

O gesto da mulher aparece mais claramente como um desperdício quando aqueles que tomam a palavra sugerem o que poderia ter sido feito com o perfume. Mas agora tudo está perdido, como aparece bem pela utilização da forma verbal γέγονεν, lit.: *foi, ocorreu*, no perfeito, um tempo que indica uma ação completa.

O perfume aparece mais uma vez, a terceira desde o início do texto (vv. 3.4.5). De acordo com os que estão falando, ele poderia ter sido vendido. Marcos utiliza aqui o verbo πιπράσκω, *vender*, (a única vez em seu evangelho), comum no início dos Atos dos Apóstolos (2,45; 4,34; 5,4) quando Lucas descreve o quadro da comunidade dos primeiros cristãos de Jerusalém. Tudo entre eles era comum e aqueles que possuíam propriedades e bens vendiam-nos, entregavam o valor da venda aos apóstolos e tudo era dividido entre todos segundo as necessidades de cada um. Uma ideia semelhante encontramos também no Evangelho segundo Marcos, na passagem do homem rico que vem a Jesus preocupado com a vida eterna. Jesus convida-o a vender (verbo πωλέω) o que possui e dar aos pobres antes de entrar para o seu seguimento (Mc 10,21). Visto a partir deste texto, a hipótese lançada por aqueles que criticam o gesto da mulher é perfeitamente coerente com a mensagem evangélica. O próprio Jesus não propusera ao homem rico vender seus bens e dá-los aos pobres? E há ainda que notar que a venda do perfume arrecadaria uma alta soma.

De fato, ainda segundo aqueles que estão indignados, o perfume poderia ter sido vendido por trezentos denários. A palavra δηνάριον vem do latim *denarium* ou *denarius*, que no português deu origem à palavra *dinheiro*. O denário era uma moeda de prata romana que correspondia ao pagamento de um dia de trabalho de um operário.[31] O denário neroniano foi reintroduzido por Diocleciano (284-305), equivalendo, à época, à *dracma* (termo mais em uso até então), e a 1/6000 do *talento*.[32]

---

[31] C. BUZZETTI, *Dizionario base del Nuovo Testamento greco-italiano*, 36.
[32] J. H. MOULTON and G. MILLIGAN, *The Vocabulary of the Greek Testament Illustrated from the Papyri and Other Non-literary Sources*, 145.

O termo δηνάριον aparece várias vezes nos escritos do Novo Testamento. Pela controvérsia de Jesus com alguns fariseus e herodianos (Mc 12,13-17 e par.), sabemos que uma moeda de denário continha a imagem e uma inscrição de César. Na parábola dos trabalhadores da vinha (Mt 20,1-16) *um* denário é o valor combinado pelo patrão com os empregados por um dia de trabalho. No Livro do Apocalipse, ao abrir-se o terceiro selo, surge um cavalo negro cujo cavaleiro traz uma balança nas mãos e uma voz que se fez ouvir dizia: "Um litro de trigo por *um* denário, e três litros de cevada por *um* denário" (Ap 6,5-6). Este cavaleiro representa a fome, a elevação dos preços que provoca a carestia. Na parábola do bom samaritano, este deixa com o hospedeiro *dois* denários para que cuide do homem que no dia anterior encontrara semimorto em seu caminho (Lc 10,35). Em Marcos, na multiplicação dos pães, os discípulos argumentam com Jesus que seriam necessários *duzentos* denários de pão para alimentar toda aquela gente que estava com eles, e eram cinco mil homens (Mc 6,37.44). Também em João, Filipe diz que *duzentos* denários de pão não seriam suficientes, e estavam presentes cerca de cinco mil homens (Jo 6,7.10).

No Evangelho segundo Marcos, encontramos ainda outros termos que se referem a moedas ou dinheiro. Ao enviar os Doze em missão, Jesus lhes recomenda que não levem consigo dinheiro no cinto. A palavra utilizada no texto grego de Mc 6,8 é χαλκός, isto é, uma moeda de bronze ou cobre. Uma diversidade de moedas aparece em Mc 12,41-44. Esta perícope nos conta que Jesus estava no templo e observava como a multidão lançava moedas (χαλκός) no gazofilácio. Uma pobre viúva vem e lança λεπτὰ δύο, isto é, duas pequenas moedas de bronze. Um *leptón* equivalia a 1/128 de denário, ou 1/2 *quadrante* (κοδράντης), como Marcos esclarece a seguir. O *quadrante* era uma moeda romana de bronze e equivalia, pois, a 1/64 de denário.[33] Marcos nos fala ainda do dinheiro (literalmente: ἀργύριον, prata) que os chefes

---

[33] C. BUZZETTI, *Dizionario base del Nuovo Testamento greco-italiano*, 90.95.

dos sacerdotes prometeram dar a Judas Iscariotes (Mc 14,11). Nesta passagem, Mateus é o único evangelista a especificar que a quantia era de trinta moedas de prata (Mt 26,15; 27,3.9).

Como vemos, o preço pelo qual o perfume poderia ter sido vendido é a quantia mais alta que aparece no Evangelho segundo Marcos, e não é preciso pensar que o evangelista apresente uma soma fantástica, já que se tem notícia de perfumes na Antiguidade que custavam caríssimo.[34] Os *trezentos* denários são mais que a soma de dinheiro necessária para comprar pães e alimentar cinco mil homens, mais que a moeda que alguns fariseus e herodianos apresentaram a Jesus, infinitamente mais que a oferta da pobre viúva, e tudo leva a crer que mais que aquilo que os chefes dos sacerdotes prometeram dar a Judas por lhes entregar Jesus.

Sem dúvida este dinheiro poderia ter sido de grande ajuda aos pobres. Para designá-los, Marcos utiliza aqui a palavra πτωχός, um adjetivo comumente usado como substantivo, derivado de πτώσσω, verbo que significa *agachar-se, esconder-se*.[35] Assim, πτωχός é aquele que se esconde, que está agachado. Tem mais o significado de "alguém que pede esmolas" que propriamente de "pobre".[36] Neste sentido, é aquele que depende dos outros para sustentá-lo e, de modo especial, que depende de Deus, já que não é somente um desfavorecido do ponto de vista econômico, mas alguém que está oprimido.[37] Antes do Novo Testamento e da literatura cristã, este termo aparece sempre com um sentido pejorativo.[38]

O termo πτωχός aparece cinco vezes no Evangelho segundo Marcos: duas vezes na perícope com a qual nos ocupamos, outras duas vezes na perícope da viúva pobre que dá sua pequenina oferta ao tesouro do templo, e outra vez na perícope do homem

---

[34] J. GNILKA, *Marco*, 749.
[35] M. ZERWICK and M. GROSVENOR, *A Grammatical Analysis of the Greek New Testament*, 154.
[36] I. PEREIRA, *Dicionário grego-português e português-grego*, 504.
[37] W. BAUER, *A Greek-English Lexicon of the New Testament and Other Early Christian Literature*, 728.
[38] J. H. MOULTON and G. MILLIGAN, *The Vocabulary of the Greek Testament Illustrated from the Papyri and Other Non-literary Sources*, 559.

rico, ao qual Jesus olha com amor e lhe diz que uma coisa lhe falta: "Vai, vende o que tens, dá aos pobres e terás um tesouro no céu. Depois, vem e segue-me" (10,21). Este termo também está presente nos outros evangelhos, seja nos paralelos aos textos de Marcos citados anteriormente, seja nas bem-aventuranças de Mateus e Lucas (Mt 5,3; Lc 6,20), seja quando se explicita a missão de Jesus a partir de Is 61,1: os pobres são evangelizados (Mt 11,5; Lc 4,18). Lucas é o evangelista que mais emprega este termo: dez vezes. Neste evangelho, os pobres várias vezes aparecem como personagens de parábolas de Jesus. Também é em Lucas que encontramos a perícope da conversão de Zaqueu, que promete dar a metade de seus bens aos pobres.

Pelas cartas de Paulo e Tiago, sabemos que as comunidades cristãs, elas mesmas, eram formadas, em geral, por pessoas de condição simples (1Cor 1,26; 2Cor 8,2; Gl 2,10; Tg 2,2-6). Um caso particular é o da comunidade cristã de Jerusalém, cujas necessidades levaram Paulo a organizar uma coleta entre as igrejas que visitava para ajudar os cristão desta cidade (ver, p. ex.: Rm 15,26).

Mais uma vez, portanto, temos que admitir que a proposta apresentada por aqueles que criticam o gesto da mulher parece de acordo com a perspectiva do evangelho. A própria missão de Jesus não é definida como o anúncio de uma Boa-Nova aos pobres? Não são eles os convidados ao banquete do Reino? Não são eles proclamados bem-aventurados por Jesus? Repartir os bens com os pobres não é um sinal de conversão? Ir ao encontro de suas necessidades não é um sinal de comunhão entre as comunidades cristãs? Orígenes, comentando Mt 26,8-9 e seus paralelos, já nos diz que, em Mateus e Marcos, foi um bom propósito que levou os discípulos a ficarem indignados.[39]

O narrador retoma a palavra para nos dizer que eles "ficaram resmungando contra ela". O verbo empregado é ἐμβριμάομαι, que segundo M. Zerwick significa o resfolegar próprio dos cavalos. Usado para pessoas, significa um resmungar de quem está

---

[39] E. KLOSTERMANN (ed.), *Origenes Werke. Matthäuserklärung I*, MAT. COM. A 77.

indignado.[40] Este verbo aparece somente cinco vezes em todo o Novo Testamento com nuanças de significado diferentes. Em Mc 1,43, Jesus é o sujeito. Ele dirige-se ao leproso que fora purificado e lhe *fala severamente* para que ninguém o soubesse. O mesmo sentido aparece em Mt 9,30, após a recuperação da vista de dois cegos. João utiliza duas vezes este verbo no relato da ressurreição de Lázaro, sempre com Jesus como sujeito. Ali a nuança parece ser a de *um frêmito por uma forte emoção* (Jo 11,33.38).

Em nossa perícope, ἐμβριμάομαι, *resmungar*, está no imperfeito. A ação por ele expressa toma certo tempo. Aliás, até aqui todo o relato flui num ritmo lento. Marcos, que se demorara na caracterização do perfume e na descrição do gesto da mulher, agora também toma tempo na descrição da reação de alguns dos presentes, dá-lhes a palavra.

Duas personagens principais estão em cena tomando iniciativas: a mulher e *alguns*. Quem são eles? Como já vimos por ocasião da crítica textual, o texto de Marcos com o qual estamos trabalhando traz um simples pronome indefinido: τινες, *alguns*, que alguns manuscritos identificam com os discípulos. Estes, no Evangelho segundo Marcos, estão constantemente com Jesus, desde o início de sua pregação na Galileia (a primeira menção dos *seus* discípulos está em 2,15), até a noite de sua prisão no Getsêmani (14,32.50). No contexto mais próximo à nossa perícope, a última vez em que eles são mencionados é em 13,1, um deles admirado com a grandiosidade do templo. A menção seguinte é em 14,12, quando vêm perguntar a Jesus onde celebrariam a páscoa. Pela lógica da sequência narrativa de Marcos, eles estão com Jesus na ceia em Betânia, o que é possível justificar pela forma verbal ἀπῆλθεν que o evangelista utiliza para dizer que Judas *se dirigiu* aos chefes dos sacerdotes (14,10), o que só faz sentido se antes ele estava com Jesus.[41] O texto de Marcos, contudo, não os identifica expressamente com aqueles que criticam a atitude da mulher, contrariamente aos paralelos de Mateus e João, nos quais

---

[40] M. ZERWICK and M. GROSVENOR, *A Grammatical Analysis of the Greek New Testament*, 154.
[41] R. PESCH, *Il Vangelo di Marco*, Parte seconda, 488.

estes *alguns* são identificados respectivamente com os discípulos e com Judas.

Outras interpretações, entretanto, são possíveis. Para M.-É. Boismard, τινες, *alguns*, é provavelmente uma modificação introduzida no texto de Marcos por um último redator com a finalidade de poupar os discípulos de desempenhar o papel atribuído a Judas na tradição seguida por João.[42] V. Taylor levanta a possibilidade de que não se trata dos discípulos, mas de outros convidados. Ele argumenta que o interesse pelos pobres era característico de um judeu piedoso; que Marcos, em geral, não se mostra inclinado a poupar os Doze, e que, em 2,6, o evangelista utiliza uma construção semelhante (ἦσαν δέ τινες) referindo-se aos escribas.[43]

A outra personagem, a mulher, tampouco é mais bem especificada. Já vimos que Marcos não nos diz seu nome. Sabemos apenas que ela unge Jesus com um perfume muito caro. O elevado preço do perfume, no entanto, qualifica sua ação como uma renúncia, um desprendimento. J. D. M. Derrett interroga-se como um perfume tão caro foi parar em suas mãos. Para responder a esta questão, ele toma como ponto de partida a aproximação das fontes dos atuais relatos de unção de Jesus em Marcos, Mateus e João com Lc 7,36-38. Lucas teria sido o único evangelista a preservar a condição da mulher como ex-prostituta, uma dessas pessoas cuja conversão deve ter provocado comentários. Ora, um perfume tão caro nas mãos de uma mulher que até então vivia dos ganhos da prostituição deveria ser o objeto mais precioso que ela possuía, igualmente algo ligado a seu ofício. A partir daqui, Derrett explica a reação que o gesto dela provocou. Uma prostituta ou ex-prostituta não podia pagar dízimos ou trazer ofertas, pois seu ganho era *manchado*. Ninguém honrado receberia um presente de uma prostituta. Se ela tivesse pedido para oferecer um donativo, teria certamente sido rejeitada. Mas agindo como agiu, coloca a todos diante de um fato realizado. A solução dada pelos que a criticam é que o perfume tivesse sido vendido, obviamente não por ela mesma.

---

[42] M.-É. BOISMARD, *L Évangile de Marc, sa préhistoire*, 196.
[43] V. TAYLOR, *The Gospel According to St. Mark*, 532.

A solução que será dada por Jesus é considerar o benefício para seu corpo, isto é, seu cadáver, em vista de seu sepultamento.[44]

Esta hipótese é bastante sugestiva, mas impossível de ser comprovada. Aliás, a tendência a identificar a mulher que aparece em nossa perícope com a pecadora de Lucas é bastante antiga e remota. Ela pode ser encontrada, por exemplo, em Gregório Magno (†604), que as identifica ainda com Maria Madalena.[45]

Enfim, o silêncio do texto a respeito das questões acima, na verdade, nos convida a buscar seu significado alhures. Até aqui, temos uma espécie de conflito que se instaura: de um lado a mulher com seu gesto, do qual já pudemos captar a generosidade, de outro lado as críticas dos que a ela se opõem, que vimos igualmente são coerentes com a mensagem evangélica em relação aos pobres. O narrador nos conduziu a um impasse. Jesus permanece calado, como uma personagem passiva que a tudo assiste. Na sequência de nossa perícope, ele irá intervir e nós vamos conhecer o lado em que vai se colocar.

6 ὁ δὲ Ἰησοῦς εἶπεν, Ἄφετε αὐτήν· τί αὐτῇ κόπους παρέχετε; καλὸν ἔργον ἠργάσατο ἐν ἐμοί.

7 πάντοτε γὰρ τοὺς πτωχοὺς ἔχετε μεθ'ἑαυτῶν καὶ ὅταν θέλετε δύνασθε αὐτοῖς εὖ ποιῆσαι, ἐμὲ δὲ οὐ πάντοτε ἔχετε.

8 ὃ ἔσχεν ἐποίησεν· προέλαβεν μυρίσαι τὸ σῶμά μου εἰς τὸν ἐνταφιασμόν.

6 Mas Jesus disse: Deixai-a, por que lhe causais aborrecimento? Ela praticou uma bela ação para comigo.

7 Pois sempre tendes os pobres convosco — e quando quiserdes podeis fazer-lhes o bem —, mas não me tendes sempre.

8 O que pôde, fez: antecipou-se a perfumar meu corpo para o sepultamento.

---

[44] J. D. M. DERRETT, The Anointing at Bethany and the Story of Zacchaeus, 266-270.

[45] Cf. J. GNILKA, *Marco*, 754. A identificação da mulher que unge Jesus em Betânia com Maria Madalena foi reproposta por J. A. GRASSI a partir da ótica do discipulado no Evangelho segundo Marcos. Cf. The Secret Heroine of Mark's Drama, 14.

Com estes versículos, continuamos a segunda parte de nossa perícope, na qual se dá o desenvolvimento da trama narrativa. Após uma breve introdução do narrador, tem início o segundo discurso, aquele de Jesus, o mais importante, que continua ainda por mais um versículo ocupando a metade de todo o relato. Jesus passa, então, a ser a personagem em evidência: ele está com a palavra. A mulher continua a ser uma personagem importante pelas referências a ela na fala de Jesus, assim também os que a criticaram, que são os interlocutores do discurso de Jesus.

Comecemos por ressaltar, na introdução do narrador, a presença da partícula δέ, *mas*, que já nos indica uma mudança de rumo no relato. O discurso de Jesus começa com a sequência de um imperativo + uma pergunta + uma afirmação. Estamos no v. 6. Com o imperativo: "Deixai-a!" Jesus pede a seus interlocutores que parem com as críticas e resmungos contra a mulher. A pergunta que segue inicia com τί, um pronome interrogativo que Marcos utiliza para introduzir interrogações que correspondem a exortações, ordens ou reprovações (as questões reais ele as introduz, geralmente, por διὰ τί).[46] A seguir aparece a expressão κόπους παρέχω, que significa *causar aborrecimento*. Esta expressão ocorre aqui e no paralelo de Mt 26,10. Também aparece nas duas parábolas de Lucas sobre a eficácia da oração constante: o amigo inoportuno (Lc 11,7) e a viúva e o juiz iníquo (Lc 18,5). Ocorre ainda no final da Carta aos Gálatas, quando Paulo pede que ninguém mais o *moleste* (Gl 6,17). Temos, assim, que a pergunta de Jesus: "Por que lhe causais aborrecimento?", na verdade, continua sua exortação para que a deixem em paz, ao mesmo tempo que é uma reprovação da atitude daqueles que resmungam contra ela.

A afirmação a seguir justifica tanto o gesto da mulher quanto a postura tomada por Jesus no pequeno conflito que se havia instaurado: a ação por ela realizada é uma *boa obra*. A frase de Jesus revela mais uma construção de fundo aramaico em nossa perícope. Temos aí a repetição da mesma raiz no objeto e no verbo na

---

[46] K. van LEEUWEN-BOOMKAMP, TI et DIATI dans les évangiles, 327-329.

sequência ἔργον ἠργάσατο, lit.: *trabalho trabalhou*, típico das línguas semíticas, e a expressão ἠργάσατο ἐν ἐμοί, *praticou para comigo*, na qual o ἐν reflete uma preposição como b^e, l^e- ou *'el*, como no hebraico, ou *lwt*, como no siríaco.[47]

Quanto à expressão καλὸν ἔργον, *bela obra*, o adjetivo καλός significa, primeiramente, belo, e daí bom, nobre, honrado. A expressão aparece várias vezes no Novo Testamento, mas somente aqui em Marcos. A maior frequência ocorre nas epístolas pastorais. Em 1Tm 5,10, o contexto é o do testemunho das boas obras para que uma mulher seja inscrita no grupo das viúvas: que tenha criado os filhos, sido hospitaleira, lavado os pés dos santos e socorrido os atribulados. No Sermão da Montanha, Mateus também se refere a *boas obras*, às quais são comparadas a uma luz que brilha e que leva as pessoas a glorificar a Deus (Mt 5,16). Encontramos alguns textos bíblicos que nos ajudam a compreender nossa perícope no livro de Tobias. Em 12,8-9, as *boas obras* são a oração, o jejum e, sobretudo, a esmola. Em 1,16-20; 2,1-8, a esmola é colocada lado a lado com o sepultamento dos mortos.

Para o Judaísmo, a lei, o culto e as obras de misericórdia são as colunas que sustentam o mundo. Desta importância dada às boas obras surgem as numerosas considerações a seu respeito.[48] Segundo o ensinamento rabínico, as boas obras são a esmola, a visita a um doente, a hospitalidade, o consolo aos aflitos, a participação numa festa de núpcias, o resgate de um prisioneiro e, principalmente, o sepultamento de um morto.[49] Certamente este é o pano de fundo da parábola do juízo final, em Mt 25,31-46, como também de Mt 8,21-22 e seu paralelo em Lc 9,59-60, quando um discípulo pede a Jesus para ir sepultar seu pai, antes de segui-lo; ele porém exorta-o a deixar que outros o façam.

---

[47] Citação de A. J. WENSINCK em M. BLACK, *An Aramaic Approach to the Gospels and Acts*, 236. O autor citado compara Mc 14,6 com Gn 31,43.
[48] J. RADERMAKERS, *La Bonne nouvelle de Jésus selon saint Marc*, 364.
[49] D. DAUBE, The Anointig at Bethany, 315; R. PESCH, *Il Vangelo di Marco*, Parte seconda, 495.

Jesus, pois, caracteriza de maneira bem diferente o gesto da mulher. No primeiro discurso, alguns diziam que ela tinha feito um desperdício de perfume. Jesus diz que ela praticou uma boa obra para com ele mesmo. Mas eles diziam também que o perfume poderia ter sido usado para ajudar os pobres. A sequência de nossa perícope no v. 7, consiste exatamente na resposta de Jesus a esta objeção. Este versículo é composto por uma sentença em paralelismo antitético na qual se insere uma outra sentença, da seguinte maneira:

> (A) πάντοτε γὰρ τοὺς πτωχοὺς ἔχετε μεθ'ἑαυτῶν
> Pois sempre tendes os pobres convosco
> (B) καὶ ὅταν θέλητε δύνασθε αὐτοῖς εὖ ποιῆσαι,
> e quando quiserdes podeis fazer-lhes o bem
> (A) ἐμὲ δὲ οὐ πάντοτε ἔχετε.
> mas não me tendes sempre.

Tomemos primeiramente a sentença (A). A palavra πάντοτε colocada no começo e no final do versículo, ocupa um posição enfática. Trata-se de um advérbio de tempo, que significa *sempre*. É de uso relativamente frequente no Novo Testamento: quarenta e uma vezes, mas que, em Marcos, ocorre somente nesta perícope.

A dificuldade maior fica por conta da compreensão de ἔχετε, uma forma do presente de ἔχω, *ter*. Ora, é comum nos evangelhos, sobretudo em Marcos e João, encontrarmos uma forma de presente onde se poderia esperar um futuro. Comentando este versículo, Zerwick diz que isto se deve a uma influência do aramaico, que usa comumente um particípio presente para indicar um futuro próximo. A ocorrência frequente do presente-futuro com o verbo ἔχω, *ter*, deve-se ao fato de que, em aramaico, esta mesma noção não é expressa verbalmente, mas com um advérbio atemporal, que geralmente toma o lugar do presente.[50] Este advérbio, *'it l-* na afirmativa e *lait l-* na negativa, indica certa forma de pertença, como por exemplo: *'it li* = há para mim = tenho, mas não propriamente dependente de uma noção temporal.

---

[50] M. ZERWICK, *Biblical Greek*, § 278.

Acreditamos que este seja o pano de fundo que explica nosso versículo. Ao dizer que "sempre tendes os pobres convosco", Jesus afirma a presença constante dos pobres ao alcance de seus interlocutores (os pobres são vossos sempre!). Não é o mesmo em relação a Jesus, sua presença não é para sempre (enquanto presença física), ela é uma presença que pertence aos seus interlocutores naquele momento, mas que deverá deixar de ser como tal. Por isso, ainda mais se realça a oportunidade do gesto da mulher, que soube colher a ocasião de praticar uma boa ação para com Jesus enquanto ele é esta pertença-presente.

As versões latinas já nos mostram as dificuldades que os tradutores encontraram para render o sentido desta frase. Eles optaram ora por *habetis*, um presente do indicativo, ora por *habebitis*, um futuro do indicativo.[51]

Futuro ou presente, o mais importante é deixar transparecer que em Mc 14,7 encontramos uma afirmação que ultrapassa uma questão meramente de tempo e joga com uma antítese. O peso maior da sentença está precisamente neste paralelismo entre πάντοτε, *sempre*, e οὐ πάντοτε, *não sempre*, isto é, o que sempre pode estar a nosso alcance e o que nem sempre está a nosso alcance. Saber distinguir entre ambos é ser capaz de captar a sabedoria do momento.

Neste mesmo evangelho, encontramos uma ideia semelhante em 2,18-22. Ali, Marcos nos narra uma controvérsia de Jesus com os fariseus e os discípulos de João Batista a respeito do jejum. No v. 20, Jesus refere-se aos dias em que seus discípulos serão privados de sua presença (da presença do *noivo)*, nestes dias então jejuarão. A construção gramatical, contudo, é diferente, usando verbos no futuro. Podemos dizer que o tempo do jejum é reenviado para o futuro por causa da presença de Jesus entre seus discípulos. Não é o mesmo em relação com os pobres: eles já estão e continuarão a estar presentes.

---

[51] Cf. para a Vetus Latina: A. JÜLICHER (ed.), *Itala, II, Marcus-Evangelium*, 131; para a Vulgata: R. WEBER et al. (eds.), *Biblia Sacra Iuxta Vulgatam Versionem*, 1599.

Esta mesma afirmação de Jesus nos remete ao Antigo Testamento, a Dt 15,11. Este texto é composto de uma afirmação e de uma exortação. A partir da constatação de que "nunca deixará de haver pobres no país", segue uma exortação à caridade, a fim de que os habitantes da terra abram suas mãos aos pobres. O texto hebraico massorético emprega as palavras *'ebyôn*, *'âh* e *'ânî*.[52]

Como escrito veterotestamentário, o Deuteronômio é uma retomada do "mito do deserto", com a intenção de remodelar Israel sobre suas origens, no ideal de um povo fraterno, no qual não deveriam existir pobres.[53] Há no Deuteronômio toda uma legislação que visa instaurar a justiça no país e fazer desaparecer o pauperismo. Ao lado dessa legislação, no entanto, encontramos a exortação à caridade.[54] Os termos empregados são importantes: *'ebyôn* intenciona o pobre considerado sob seu aspecto de pedinte, mendigo, de modo que a palavra exprime também uma espera; *'ânî* designa aquele que se encontra vítima de uma miséria, seja a pobreza, uma doença, prisão, opressão: ele é o humilhado;[55] *'âh*, por sua vez, exprime um sentimento de solidariedade que quer unir todo o povo em laços de fraternidade. É ainda interessante notar que todos estes termos são usados com o sufixo possessivo, indicando que "se é *tua* a terra, *teu* também é o pobre que nela habita contigo, por isso: abre *tua* mão...".[56]

Esta segunda menção dos pobres em nossa perícope nos ajuda a aprofundar um pouco mais esta realidade. De acordo com a referência ao Deuteronômio, eles são, em primeiro lugar, os mendigos, aqueles que uma legislação, por mais justa que seja, não chega a fazer desaparecer. Eles são também aqueles aos quais se nega a justiça e, enfim, são ainda um apelo à partilha.

---

[52] Cf. W. RUDOLPH et J. HEMPEL (eds.), *Biblia Hebraica Stuttgartensia*, Dt 15,11.
[53] Cf. A. GELIN, *Les Pauvres de Yahvé*, 14.
[54] A. GELIN, *Les Pauvres de Yahvé*, 22.
[55] A. GELIN, *Les Pauvres de Yahvé*, 19-20.
[56] J. KONINGS, Jesus ou os pobres? Análise redacional e hermenêutica de Jo 12,1-8, 155.

Além da reminiscência do Deuteronômio, podemos encontrar o pano de fundo dessa sentença numa distinção existente na piedade judaica entre a esmola e as outras obras de caridade, de acordo com três características, que fazem com que as obras de caridade sejam superiores à esmola: esta é feita a um pobre, aquelas também a um rico, esta a um vivente, aquelas também aos mortos, esta demanda apenas a doação de dinheiro, aquelas um empenho pessoal.[57]

Contudo, não devemos pensar que, em última análise, a frase que estamos analisando oponha uma boa obra para com os pobres a uma boa obra para com Jesus, ou os pobres a Jesus. O gesto da mulher não é justificado simplesmente porque ela tenha realizado uma boa obra superior à esmola, mas sobretudo porque seu comportamento adquire uma relevância cristológica.[58] O foco da questão é a presença de Jesus. O que, sim, aparece em oposição é a presença constante dos pobres, como uma solicitação contínua às boas obras, e a urgência do momento em que Jesus se encontra, ele também pobre, vítima de uma violência que se está tramando.

Por esse mesmo motivo, tampouco a frase pode ser tomada como uma afirmativa de que a pobreza será um problema social permanente,[59] como se fez mais recentemente, ou de que esta perícope nos coloque diante da escolha entre o amor a Cristo e o amor aos pobres, como algumas vezes se compreendeu. J. Gnilka nos apresenta uma breve síntese de algumas destas interpretações. Teofilacto, por exemplo, foi um defensor de que se deveriam eliminar aqueles que preferem os pobres a Cristo. Já Crisóstomo (†407), de maneira muito mais sóbria, sem colocar a questão como se se tratasse de alternativas, não deixou de dizer que o cuidado dos pobres é tarefa da Igreja.[60]

---

[57] J. JEREMIAS, citado por R. PESCH, *Il Vangelo di Marco*, Parte seconda, 495.
[58] J. GNILKA, *Marco*, 749.
[59] V. TAYLOR, *The Gospel According to St. Mark*, 532.
[60] Cf. J. GNILKA, *Marco*, 753-754.

Passemos, pois, para a sentença (B). Ela inicia com ὅταν + subjuntivo presente. A partícula ὅταν, formada de ὅτε + ἄν, tem um sentido temporal-condicional. Usada com o subjuntivo presente, indica que a ação da oração subordinada é contemporânea àquela da oração principal e, em geral, indicando uma repetição regular.⁶¹ Em nosso caso, poderíamos traduzir o início dessa nossa sentença assim: "E todas as vezes que quiserdes".

O que está em questão são as boas obras para com os pobres, aqui expressa com αὐτοῖς εὖ ποιῆσαι, lit.: *lhes bem fazer*. O advérbio εὖ, *bem*, aparece poucas vezes no Novo Testamento e somente aqui acompanhando o verbo ποιέω, *fazer*. A expressão como um todo significa *beneficiar*, ou simplesmente *fazer o bem*. No Novo Testamento é hápax, mas é comum no Antigo Testamento, traduzindo na LXX o *hiphil* de *YTB* do texto hebraico. Em geral, sobretudo no Pentateuco, Deus é o sujeito, é ele quem beneficia. Na literatura sapiencial, a expressão aparece nos conselhos à prática da caridade para com os humildes e indigentes. Tomemos apenas um exemplo:

Não te afastes do indigente para lhe fazer o bem (εὖ ποιεῖν)
se tens em tua mão como socorrer.
Não digas: Volte depois ou amanhã darei
se podes lhe fazer o bem (εὖ ποιεῖν),
pois não sabes o que trará o amanhã (Pr 3,27-28 LXX).⁶²

Os pobres, nesta sentença (B), estão representados pelo pronome αὐτοῖς, *lhes*. Este pronome falta no original do códex ℵ (Sinaítico), que dessa maneira traz a leitura: "quando quiserdes podeis fazer o bem". A mão de um revisor inseriu o pronome e acrescentou mais uma vez o advérbio πάντοτε, *sempre*.⁶³ Este

---

⁶¹ W. BAUER, *A Greek-English Lexicon of the New Testament and Other Early Christian Literature*, 587-588.
⁶² Tradução do grego a partir de A. RAHLFS (ed.), *Septuaginta, Id est Vetus Testamentum graece iuxta LXX interpretes*.
⁶³ K. LAKE (ed.), *Codex Sinaiticvs Petropolitanvs*, Mc 14,7.

mesmo texto corrigido é o que encontramos nos manuscritos B L 892 1071 1342 e em parte das versões coptas.

Nas páginas finais da Epístola de Barnabé (séc. II), encontramos um paralelo a esta sentença de Mc 14,7. Vejamos:

Ἐρωτῶ τοὺς ὑπερέχοντας — εἴ τινα γνώμης ἀγαθῆς λαμβάνετε συμβολίαν — ἔχετε μεθ' ἑαυτῶν εἰς οὓς ἐργάσεσθε τὸ καλόν· μὴ ἐλλείπητε.

Proponho aos notáveis — se acaso quereis aceitar um conselho de minha boa intenção —: tendes convosco a quem fazer o bem. Não vos omitais (Barn. ep. 21.2).[64]

Resta-nos, por fim, salientar que, enquanto a sentença (A) está presente também nos paralelos de Mateus e de João, a sentença (B) é própria de Marcos. Nela aparece o verbo δύναμαι, *poder*, pela segunda vez em nossa perícope. Na primeira vez, tratava-se do que já não *se podia mais* fazer com o perfume. Nesta segunda vez, trata-se do que *sempre se pode* fazer, basta querer.

O v. 8 que vem a seguir é composto de duas frases, a segunda explicativa da primeira. Mas temos que nos defrontar, mais uma vez, com uma construção fortemente influenciada pelo aramaico.

Temos, primeiramente, a frase ὃ ἔσχεν ἐποίησεν, *o que pode fez*. Zerwick vê aqui o uso do verbo ἔχω, *ter*, seguido de infinitivo, subentendido pelo texto, com o significado de *ser capaz*.[65] Portanto: "o que pôde (fazer), fez". Nolli vê um uso de ἔχω, *ter*, com reflexos do aramaico: "o que era para ela", e portanto "o que pôde".[66] Podemos encontrar um ponto de comparação com um texto aramaico no Talmud Palestinense:

'T-MH 'YT-BK 'BD
O que está ao teu alcance (lit.: há para ti) *fazer* (Hagiga 2,2).[67]

---

[64] P. PRIGENT et R. KRAFT (eds.), *Épître de Barnabé*, 214.
[65] M. ZERWICK and M. GROSVENOR, *A Grammatical Analysis of the Greek New Testament*, 154.
[66] G. NOLLI, *Evangelo secondo Marco*, 348.
[67] Citação de A. J. WENSINCK em M. BLACK, *An Aramaic Approach to the Gospels and Acts*, 236.

Para o início da frase seguinte temos προέλαβεν μυρίσαι, *adiantou-se a perfumar*, um indicativo seguido por um infinitivo, pode ser visto como uma influência do aramaico.[68] No hebraico bíblico, por exemplo, encontramos várias vezes o verbo *MHR* seguido de um infinitivo (Gn 27,20; 41,32; Pr 6,18; Ecl 5,1 etc.). Contudo, também em grego, o verbo προλαμβάνω, *adiantar-se*, admite como regência o uso do infinitivo.

Este versículo nos é particularmente importante. Em sua fala, Jesus dá ao gesto da mulher uma interpretação final e decisiva. Ao tratarmos do v. 3, tomamos em consideração a ambientação de nossa perícope em torno a um banquete e elencamos as possibilidades de contexto e significado de uma unção no universo bíblico. Ao tratarmos dos vv. 4-5, vimos como alguns dos presentes na ceia de Betânia interpretaram o gesto da mulher: desperdício de um perfume que poderia ter servido para ajudar os pobres. No v. 6, no início de seu discurso, Jesus já tomara uma outra direção ao caracterizar este mesmo gesto como uma boa obra. Aqui, ele introduz o tema de sua morte próxima ao especificar em que consiste esta boa obra. Jesus dá ao gesto da mulher um significado que nem ela, nem aqueles que a criticavam poderiam supor.[69] Como um todo, este versículo é breve e lapidar, nele a narrativa encontra seu momento dramático.

O significado da unção de Betânia pode, entretanto, ser interpretado também de outra maneira. D. J. Harrington vê no gesto da mulher o reconhecimento da dignidade messiânica de Jesus. Para este autor, o v. 8 apresenta apenas uma interpretação secundária que relaciona a unção com a morte de Jesus. Teríamos, assim, o Messias (= *o Ungido*) que é ungido para o seu sepultamento ao iniciar sua paixão.[70] Segundo nosso modo de ver, faltam, no relato marcano, alusões que tornem mais claro que a presente unção seja realmente uma unção messiânica. Para E.

---

[68] Cf. V. TAYLOR, *The Gospel According to St. Mark*, 533; J.-M. LAGRANGE, *Évangile selon saint Marc*, 369.
[69] J. SCHMID, *The Gospel According to Mark*, 249.
[70] D. J. HARRINGTON, The Gospel According to Mark, 625.

J. Mally, o indício de que na presente unção a dignidade real de Jesus seja sugerida está no fato de que no Antigo Testamento um novo rei era ungido em sua cabeça. Mas este mesmo autor acaba por dizer que a unção de Jesus em Betânia não deve ser mais do que a unção de um conviva em um banquete.[71] A este significado primeiro, o próprio texto acrescenta claramente a interpretação da unção como parte de um rito fúnebre. Se há, além disso, um referência à identidade messiânica de Jesus, ela é apenas sugerida e, pelo contexto, em relação à sua morte.

Jesus diz que ela fez o que estava a seu alcance. No relato da paixão de Jesus que está se iniciando, diante de sua morte violenta que está para acontecer, as atitudes tomadas pelas personagens que participam desta história são as mais diversas. Uns fugiram. Ela, porém, esta mulher anônima de Betânia, fez o que lhe foi possível.

Na explicitação do significado de seu gesto encontramos o verbo προλαμβάνω, que significa *receber antecipadamente*, e daí *fazer algo antes do tempo previsto*. No Novo Testamento, este verbo aparece apenas três vezes: aqui, em 1Cor 11,21, como sentido de *apressar-se*, e em Gl 6,1, na voz passiva, com o sentido de *ser surpreendido*.

Na sequência, encontramos o verbo μυρίζω, hápax no Novo Testamento e inexistente na LXX. Trata-se de um verbo raro. Bauer registra em seu dicionário o significado de "*o ungir das prostitutas*".[72] Mas, na literatura grega, encontramos também a atestação deste verbo para a unção própria de mortos:

> Ἀχάριστον εὐεργετεῖν καὶ μυρίζειν ἐν ἴσῳ κεῖται.
> *Igualmente ingrato é fazer o bem e ungir os mortos* (Fgm. Philos. Graec. I).[73]

---

[71] E. J. MALLY, The Gospel According to Mark, vol. II, 53.
[72] W. BAUER, *A Greek-English Lexicon of the New Testament and Other Early Christian Literature*, 529.
[73] F.W.A. MULLACH (ed.), *Fragmenta Philosophorum Græcorum – I*, 495, n. 127.

No grego moderno, μυρίζω significa *cheirar*.[74] Poderíamos relacionar a presença deste verbo em nosso texto com a hipótese de Derrett de que a mulher em questão fosse uma ex-prostituta? Mas há que notar também a ocorrência desse mesmo verbo num contexto próprio da unção dos mortos. No mais, o texto não nos informa sobre a proveniência do perfume que ela traz consigo.

O corpo de Jesus — τὸ σῶμά μου, *o meu corpo* ou τὸ σῶμα τοῦ Ἰησοῦ, *o corpo de Jesus* — aparece outras duas vezes no Evangelho segundo Marcos, sempre no relato da paixão. Em 14,22, quando, na ceia pascal com os Doze, Jesus toma o pão, ele o distribui aos presentes e diz: "Tomai, isto é *o meu corpo*". Em 15,43, José de Arimateia vem a Pilatos para lhe pedir *o corpo de Jesus*. Podemos, pois, dizer que a menção do corpo de Jesus na ceia pascal com os Doze, rememorada pela Igreja na Eucaristia, está inserida entre duas outras menções que relacionam seu corpo à morte.

Em nosso texto, a referência ao corpo de Jesus está ligada aos ritos de sepultamento, expressos com o termo ἐνταφιασμός. Trata-se de um substantivo derivado de θάπτω, que significa *sepultar, embalsamar*.[75] Em si, ἐνταφιασμός pode significar tanto a preparação para o sepultamento como o próprio sepultamento.[76] No Novo Testamento, este substantivo aparece somente aqui e no paralelo de Jo 12,7.

Este mesmo motivo da unção do corpo de Jesus reaparece em 16,1, que nos conta como, passado o sábado, as mulheres "compraram aromas para ir ungi-lo". Marcos tem, assim, a motivação para a ida das mulheres ao sepulcro na manhã da ressurreição. Segundo este mesmo evangelista, o sepultamento de Jesus fora feito

---

[74] J. H. MOULTON and G. MILLIGAN, *The Vocabulary of the Greek Testament Illustrated from the Papyri and Other Non-literary Sources*, 419.

[75] M. ZERWICK and M. GROSVENOR, *A Grammatical Analysis of the Greek New Testament*, 154.

[76] W. BAUER, *A Greek-English Lexicon of the New Testament and Other Early Christian Literature*, 268.

por José de Arimateia acompanhado das mulheres: envolvendo o corpo de Jesus num lençol, colocou-o num túmulo talhado na rocha, fechando-o com uma pedra. Não há, pois, nenhuma menção de uma unção do corpo imediatamente anterior ao sepultamento. Mateus é muito semelhante a Marcos ao narrar o sepultamento de Jesus. Mas em seu relato do túmulo vazio não aparece o motivo da unção do corpo de Jesus. Ele simplesmente nos diz que as mulheres vêm para ver o sepulcro (Mt 28,1). Em Lucas, como em Marcos, as mulheres vão ao sepulcro levando aromas (Lc 24,1). Este evangelista, inclusive, antecipa a menção dos perfumes ao relatar, após o sepultamento de Jesus, que as mulheres, voltando para casa, prepararam os aromas (Lc 23,56).

João, por seu lado, distancia-se dos sinóticos neste ponto. Este evangelho é o único a narrar uma unção do corpo de Jesus antes do sepultamento. As mulheres estão ausentes, e José de Arimateia é auxiliado por Nicodemos, que traz consigo uma mistura de mirra e aloés. Ambos envolvem o corpo de Jesus em panos de linho com os aromas; segundo o evangelista, "conforme os judeus costumam sepultar" (Jo 19,38-42). No primeiro dia da semana, Maria Madalena vai ao sepulcro de madrugada, mas no relato joanino sem nenhuma pretensão de ungir o corpo de Jesus.

Como podemos perceber, o motivo da unção do corpo de Jesus é tratado de maneira diferente pelos evangelistas. Em João, ele é preanunciado na unção de Betânia (Jo 12,7) e, de acordo com uma tradição que lhe é própria, é realizado antes do sepultamento de Jesus. Em Lucas, o motivo da unção serve de ponte entre o sepultamento de Jesus e o relato do túmulo vazio. Em Mateus, ele aparece somente no relato da unção de Betânia (Mt 26,12). Em Marcos, que nos interessa mais de perto, o tema está presente no início e no final de seu relato da paixão: na tarde de Betânia e na manhã da ressurreição.

No v. 8, temos ainda um anúncio, do próprio Jesus, de sua morte. Trata-se da quinta referência deste tipo em Marcos. Em 8,31; 9,31; 10,33-34, encontramos as três vezes que Jesus prediz sua paixão e ressurreição a seus discípulos. A estes trechos do evangelho podemos acrescentar 9,9, quando, depois da transfiguração, Jesus pede aos três que estavam com ele para que nada contassem a ninguém "até que o Filho do Homem tivesse ressuscitado dos mortos". Em todos estes textos, temos o anúncio da morte ligado ao anúncio da ressurreição. Em 14,8 não aparece a ressurreição propriamente dita, mas o v. 9, que passaremos a estudar, abrirá os horizontes de nosso relato, estendendo-o para o tempo do anúncio do evangelho.

2.3. Desenlace: v. 9

Chegamos, pois, ao v. 9, final do discurso de Jesus e último versículo de nossa perícope.

> 9   ἀμὴν δὲ λέγω ὑμῖν, ὅπου ἐὰν κηρυχθῇ τὸ εὐαγγέλιον εἰς ὅλον τὸν κόσμον, καὶ ὃ ἐποίησεν αὕτη λαληθήσεται εἰς μνημόσυνον αὐτῆς.
>
> 9   Amém, eu ainda vos digo: onde for proclamado o evangelho, no mundo inteiro, também o que ela fez será contado em sua memória.

Este versículo se insere em uma encruzilhada de tempo: nele encontramos verbos no presente, passado e futuro. No presente, temos λέγω, *digo*, que nos remete ao tempo em que Jesus está falando. No passado, temos ἐποίησεν, *fez*, que nos reenvia ao gesto da mulher. No futuro, temos λαληθήσεται, *será falado*, que nos lança no tempo do anúncio do evangelho. O espaço se abre para o *mundo inteiro*. Jesus que fala, aqueles (ὑμῖν, *vos*) a quem fala, e a mulher, a quem se refere, são as personagens que continuam em cena.

Este versículo começa com a frase de Jesus: ἀμὴν δὲ λέγω ὑμῖν, *amém eu ainda vos digo*. A palavra ἀμήν é uma transliteração do hebraico *'âmên*. Na LXX, ela aparece como uma aclamação no final de uma oração (1Cr 16,36; Tb 8,8; ver também 1Cor 14,16), ou de um discurso diante de uma assembleia (Ne 5,13; 8,6). Em alguns manuscritos, aparece ainda como última palavra no final de alguns livros, como Tobias e Judite, ou a Carta aos

Gálatas e o Apocalipse, no Novo Testamento. O próprio Evangelho segundo Marcos termina com a palavra *amém* em alguns manuscritos que trazem o chamado final breve do evangelho (Ψ 099 0112 579 it^k cop^{mss}). Nos evangelhos, acompanhada do verbo λέγω, *dizer*, inicia uma declaração solene usada somente por Jesus. No início de um discurso, *amém* representa um compromisso da pessoa que fala em relação ao que dirá, ao mesmo tempo que revela sua autoridade. A fórmula iniciada com *amém* pode ainda ser indicativa do horizonte escatológico no qual a sentença que segue deve ser compreendida.[77] Em Marcos, este termo aparece treze vezes, na maioria das quais quando Jesus fala a seus discípulos. A partir do cap. 14, há quatro declarações de Jesus que iniciam com esta fórmula: aqui; em 14,18, quando anuncia aos Doze que um deles haverá de entregá-lo; em 14,30, quando anuncia aos Doze a promessa do vinho novo no Reino de Deus; em 14,30, quando anuncia a Pedro que este irá negá-lo naquela mesma noite.

Estamos, pois, para ouvir uma declaração de Jesus, na qual ele revela sua autoridade e, em nosso caso, podemos também dizer, com a qual ele mesmo se compromete. Esta declaração tem dois argumentos: refere-se ao evangelho e, vinculado a este, à memória da mulher que o ungiu.

O argumento do evangelho é introduzido por ὅπου, uma partícula que indica lugar e que pode também ter um sentido causal ou temporal.[78] Usado com ἐάν + subjuntivo, neste caso, κηρυχθῇ, pode significar tanto "onde quer que for proclamado", quanto "quando for proclamado". Marcos utiliza esta construção outras três vezes em seu evangelho: 6,10; 9,18; 14,14. Nas duas primeiras ocorrências tanto o sentido espacial quanto o temporal são possíveis. Para 14,9, o tradutor siríaco do manuscrito Sinaiticus compreendeu ὅπου em sentido temporal, vertendo-o com *kd*.[79] A sequência do versículo, porém, com a menção de "mundo intei-

---

[77] R. PESCH, *Il Vangelo di Marco*, Parte seconda, 496.
[78] W. BAUER, *A Greek-English Lexicon of the New Testament and Other Early Christian Literature*, 576.
[79] A. S. LEWIS, *The Old Syriac Gospels or Evangelion Da-Mepharreshê*, 112.

ro", sugere uma interpretação espacial. Ambas as interpretações, contudo, permanecem possíveis e coerentes com o texto, não se excluindo nem mesmo a possibilidade de que ambos os significados sejam intencionados.[80]

A seguir encontramos a forma verbal κηρυχθῇ, aoristo subjuntivo passivo de κηρύσσω, *proclamar*, um verbo caro a Marcos, que o utiliza catorze vezes (Mt = nove vezes, Lc = nove vezes, At = nove vezes, Jo = nenhuma vez). Este verbo também aparece com relativa frequência nas cartas paulinas (dezenove vezes). Em Marcos, a maior ocorrência está no cap. 1, no qual este verbo aparece seis vezes.

Nas duas primeiras ocorrências, o sujeito é João Batista, que proclama no deserto um batismo de conversão para a remissão dos pecados (1,4) e a vinda daquele que é mais forte do que ele (1,7). Jesus aparece como sujeito outras três vezes: ele proclama o evangelho de Deus na Galileia (1,14), vai anunciar nas aldeias vizinhas a Cafarnaum (1,38) e pelas sinagogas da Galileia (1,39). Outras vezes, o sujeito são pessoas que foram curadas por Jesus ou ainda de quem ele expulsou demônios: o homem purificado da lepra (1,45), as pessoas que estavam com o surdo-gago que passou a falar corretamente (7,36), o ex-endemoninhado da região dos gerasenos, que vai proclamar na Decápole o que Jesus fizera por ele (5,20). O verbo κηρύσσω, *proclamar*, está também relacionado à constituição dos Doze. Jesus os chama "para estarem com ele, para enviá-los a *pregar* e terem autoridade para expulsar os demônios" (3,14). Quando são enviados, eles pregavam a todos que se convertessem (6,12). Em 16,15, os Onze recebem de Jesus o imperativo de ir pelo mundo todo proclamar o evangelho, e no v. 20 eles saem para pregar por toda parte. Restam ainda duas vezes em que κηρύσσω está na voz passiva: 13,10 e 14,9, ambas com o evangelho como sujeito.

Nem sempre Marcos utiliza este verbo com um objeto, isto é, nem sempre especifica o que é proclamado. Várias vezes, contudo, aparece um complemento de lugar: onde é proclamado. Em 14,9, aparece especificado tanto o que é proclamado: o evangelho,

---

[80] R. PESCH, *Il Vangelo di Marco*, Parte seconda, 497.

como um complemento de lugar: no mundo inteiro. Teremos, pois, que retornar às ocorrências de κηρύσσω em Marcos, sempre que acompanhadas destas duas especificações. Antes, porém, para aprofundar melhor o significado deste termo, vejamos como ele é utilizado na tradução dos LXX do Antigo Testamento.

O uso de κηρύσσω, *proclamar*, na LXX pressupõe uma ocasião solene e trata-se de uma proclamação pública que deve fazer-se ouvir por todos, por exemplo, a proclamação de um dia de festa (Ex 32,5). Com maior frequência a proclamação parte do rei que convoca uma assembleia (2Rs 10,20), um jejum (2Cr 20,3; Jn 3,7), proclama as honras de um novo dignatário (Gn 41,43; Est 6,11), convoca para a guerra (Jl 4,9), ou anuncia a libertação de prisioneiros de guerra (Is 61,1). Pode tratar-se igualmente de uma proclamação por escrito, como o edito de Ciro (2Cr 36,22). Esta proclamação podia ser feita através de arautos (Dn 3,4), acompanhada por trombetas (Os 5,8), nas portas da cidade ou do alto de suas muralhas (Pr 1,21). O oráculo de Zc 9,9 insere-se no contexto da proclamação da chegada de um novo rei. Aliás, os profetas utilizaram frequentemente estas imagens para anunciar o Dia do Senhor (Jl 2,1), o castigo pelas rebeldias de Efraim e Israel (Os 5,8), ou a alegria pela salvação de Jerusalém (Sf 3,14).

Neste mesmo sentido, encontramos para κηρύσσω um significado específico: "proclamar como arauto, publicar ou convocar por meio de um arauto".[81]

Em nosso texto, trata-se da proclamação do *evangelho*, outro termo caro a Marcos. Entre os evangelhos, o termo aparece somente em Marcos (oito vezes) e Mateus (quatro vezes), mas é bem frequente nas cartas paulinas (sessenta vezes). Lucas, por sua vez, emprega o verbo εὐαγγελίζω, *evangelizar*, tanto em seu evangelho como nos Atos dos Apóstolos. Este verbo, que também tem uma notável ocorrência nos escritos paulinos, não aparece em Marcos.

Originariamente, εὐαγγέλιον significa a recompensa por uma boa notícia, e daí simplesmente uma boa notícia.[82] Na literatura

---

[81] I. PEREIRA, *Dicionário grego-português e português-grego*, 320.
[82] W. BAUER, *A Greek-English Lexicon of the New Testament and Other Early Christian Literature*, 317.

grega, o termo já aparece com um significado religioso, sobretudo o de um sacrifício oferecido por uma boa notícia, mas fora do Novo Testamento e da literatura cristã é raro seu uso no singular.[83] Na LXX, encontramos os termos εὐαγγέλιον / εὐαγγελία com o significado de boa notícia ou recompensa por uma boa notícia. Em 2Sm 18,19-32, há um jogo de palavras com os dois significados do termo: Joab envia mensageiros a Davi com a notícia de que a batalha estava vencida, mas não haverá recompensa para aqueles que devem igualmente anunciar a morte de Absalão, filho de Davi.

Em Marcos, encontramos o termo εὐαγγέλιον, *evangelho*, logo em 1,1, o *título* do escrito marcano, que, pois, trata propriamente do "Início do *evangelho* de Jesus Cristo, Filho de Deus". O evangelho é o tema deste escrito, seu ponto fundamental. A seguir, excetuando 16,15, no *final canônico*, Marcos utilizará este termo em três pares, perfazendo um total de sete ocorrências.[84]

No primeiro par, em 1,14-15, o evangelho é o centro da pregação de Jesus. Depois da prisão de João, Jesus vem à Galileia proclamando o *evangelho de Deus*, que consiste no anúncio de que "completou-se o tempo e está próximo o Reino de Deus". Diante desse anúncio, Jesus convoca à conversão e à fé no evangelho.

A segunda dupla de ocorrências nos mostra que o evangelho é tão importante que a ele se pode entregar toda a vida. Em 8,35 e 10,29, encontramos duas expressões semelhantes. Na primeira, Jesus diz que "aquele que perder sua vida por causa de mim e do evangelho vai salvá-la". Na outra, ele anuncia a recompensa àquele que tiver deixado tudo por sua causa e por causa do evangelho. Estes textos vinculam o evangelho à própria pessoa de Jesus.

As duas ocorrências que nos faltam também vão juntas: elas se referem à proclamação futura e universal do evangelho. Uma está em 13,10, no *discurso escatológico* de Jesus, a outra em 14,9, no versículo que estamos estudando. Em ambas se pode perceber ainda que a propagação do evangelho por todo o mundo responde

---

[83] J. H. MOULTON and G. MILLIGAN, *The Vocabulary of the Greek Testament Illustrated from the Papyri and Other Non-literary Sources*, 259.
[84] C. M. de TILESSE, *Marcos e o evangelho*, 49.

a uma necessidade (δεῖ, em 13,10) de ordem divina (κηρύσσω na voz passiva, sem indicar um sujeito agente). Em 16,15, a perspectiva é mais missionária: Jesus envia os Onze a proclamar o evangelho pelo mundo a toda criatura.

Temos, assim, que com o v. 9, nossa perícope está vinculada ao tema central do escrito marcano. Podemos dizer que a proclamação do evangelho é inaugurada por Jesus na Galileia. O evangelho está intimamente unido à sua pessoa. Sua morte e sua ressurreição abrem um novo tempo: o da proclamação do evangelho em todo o mundo.

Na sequência, deparamo-nos com a última sentença de nosso texto, a qual liga o gesto da mulher que ungiu Jesus com o tema central de Marcos: a proclamação do evangelho. Esta sentença começa com καί, que deve ser tomado com o valor de *também*. Temos, assim, que "também o que ela fez será falado", isto é, seu gesto passa a fazer parte do anúncio do evangelho, transforma-se em *notícia alvissareira*.

A preposição εἰς, que vem em seguida, introduz a expressão μνημόσυνον αὐτῆς e pode ser compreendida seja como uma relação: "como um memorial dela", seja como finalidade "para / em memorial dela". O termo μνημόσυνον significa recordação ou algo que faz recordar alguém.[85] Apesar do uso raro no Novo Testamento, apenas três ocorrências, é relativamente frequente na LXX. Ali, seu âmbito de significação abrange a parte que era queimada nos sacrifícios oferecidos a Deus (Lv 5,12), ou a lembrança do justo que permanece para sempre [Sl 112(111),6]. Nos caps. 44–50 do Sirácida, que exalta a lembrança das figuras do passado, o termo é frequente.

Memorial é ainda a festa da páscoa (Ex 12,1-14), que recorda o dia da passagem do Senhor pela terra do Egito ferindo seus primogênitos, e a semana dos ázimos (Ex 12,15-20), que recorda que o *Senhor* tirou seu povo do Egito com mão forte. Ora, a páscoa e os ázimos marcam qualitativamente o tempo no qual se insere a ceia de Betânia.

---

[85] C. BUZZETTI, *Dizionario base del Nuovo Testamento greco-italiano*, 105.

No Novo Testamento, além de Mc 14,9 e seu paralelo em Mt 26,13, a palavra μνημόσυνον, *memorial*, aparece em At 10,4. O contexto é o da conversão de Cornélio, que vê um anjo que lhe diz: "Tuas orações e tuas esmolas subiram como um *memorial* diante de Deus". Podemos dizer que estamos no mesmo âmbito das boas obras: a oração e a esmola. Também a mulher que perfumou o corpo de Jesus praticou uma boa obra e recebe, por isso, o memorial de seu gesto: a recordação de sua generosidade onde quer que o evangelho venha a ser proclamado.

Em seu conjunto, este versículo tem sido interpretado de maneira diferente pelos estudiosos. Há aqueles que veem aqui uma sentença de cunho escatológico, ao menos originalmente. Jesus estaria se referindo ao memorial que a mulher terá a seu favor diante do juízo de Deus, uma preocupação bastante comum na literatura intertestamentária. Outros compreendem que o contexto de Mc 14,9 deve ser buscado na atividade missionária dos primeiros tempos da Igreja, de modo que o memorial da mulher diante de Deus se torna um memorial diante das pessoas. Neste sentido, Marcos nos quer transmitir que o evangelho é o anúncio da morte e ressurreição de Jesus vinculado a toda a sua vida, nas situações concretas pelas quais passou, com as pessoas com as quais conviveu.[86]

Terminado este percurso, versículo por versículo, resta-nos propor algumas considerações finais, a modo de síntese, de alguns elementos que já apareceram no decorrer de nossa análise.

Primeiramente uma consideração de caráter linguístico. Várias vezes tivemos que nos defrontar com a suspeita de uma influência do aramaico no grego de nossa perícope. Mesmo que muitas dentre elas puderam ser explicadas pela própria sintaxe grega, tomadas em seu conjunto estas suspeitas levantam uma questão: este grego aramaicizado é uma característica da língua empregada por Marcos, ou isto nos deve levar a admitir a existência de uma fonte que remonta a um original aramaico na base de nosso relato?

---

[86] J. GNILKA, *Marco*, 751; E. J. MALLY, The Gospel According to Mark, vol. II, 53; K. STOCK, *Il Racconto della passione nei vangeli sinottici*, Prima parte, 46.

Ainda no domínio linguístico, é interessante notar a quantidade de hápax que encontramos em nossa perícope, alguns em relação a todo o Novo Testamento, a maioria em relação ao próprio Evangelho segundo Marcos. Estas palavras ou expressões, que aparecem somente aqui neste evangelho são: ἀλάβαστρος, *alabastro*, duas vezes no v. 3; μύρον, *perfume*, três vezes nos vv. 3.4.5; a sequência νάρδου πιστικῆς πολυτελοῦς, *nardo genuíno, muito caro*, e o verbo καταχέω, *romper*, no v. 3; ἀπώλεια, *desperdício*, no v. 4; o verbo πιπράσκω, *vender*, no v. 5; as expressões κόπους παρέχω, *causar aborrecimento*, e καλὸν ἔργον, *bela ação*, e o verbo ἐργάζομαι, *praticar*, no v. 6; o advérbio πάντοτε, *sempre*, duas vezes no v. 7, e a expressão εὖ ποιέω, *fazer o bem*, no mesmo versículo; os verbos προλαμβάνω, *antecipar-se*, e μυρίζω, *perfumar*, e o substantivo ἐνταφιασμός, *sepultamento*, no v. 8; a expressão ὅλος ὁ κόσμος, *mundo inteiro*, e o substantivo μνημόσυνον, *memória*, no v. 9. Seria este mais um indício de que Marcos tenha utilizado uma fonte escrita, ou simplesmente estamos diante de um elenco de palavras próprias para descrever este episódio, mas sem motivo para aparecer alhures? É ainda mais interessante o contraste com o vocabulário do v. 9, em geral, tipicamente marcano.

Tomando em consideração estas duas observações, a hipótese que nos parece mais plausível é que Marcos tenha utilizado uma fonte que remonta a um original aramaico, talvez já traduzido em grego. A hipótese de que o evangelista tenha encontrado sua fonte já em grego explicaria melhor a presença no texto de todos aqueles hápax não absolutamente necessários à narração do episódio. De qualquer forma, não devemos estar longe de um original aramaico.[87]

Uma segunda consideração diz respeito ao ambiente cultural que o texto reflete. Mc 14,3-9 nos diz algo sobre o modo de vida do tempo de Jesus no país em que ele viveu. Podemos considerar como reflexos deste ambiente cultural: o costume de tomar as

---

[87] V. TAYLOR, *The Gospel According to St. Mark*, 531; R. PESCH, *Il Vangelo di Marco*, Parte seconda, 497-498.

refeições reclinado, o costume de ungir um convidado no decorrer de uma refeição, o costume de perfumar um corpo antes do sepultamento. Podemos perceber ainda alguns dados que revelam o contato, a influência ou a dominação de povos vizinhos: a arte do trabalho em alabastro remonta ao Egito; o uso do perfume de nardo, originário da Índia, pode ter sido introduzido pelos persas, talvez a partir de uma rota comercial de exportações ao Ocidente, e, enfim, o preço do perfume expresso em denários trai a dominação romana à qual a Palestina estava sujeita.

Levando em conta vários destes elementos, desde a presença no texto de numerosas palavras raras e dos semitismos, a seu conteúdo e a localização precisa, J. Gnilka acena para a possibilidade de uma tradição subjacente de origem palestinense, ou mesmo de uma tradição pascal proveniente de Betânia. A estes elementos ainda se soma a questão dos pobres, que pode também recordar a proximidade da festa da páscoa, a qual deveria ser um tempo oportuno para dar esmolas.[88]

Nossa terceira consideração diz respeito ao significado da perícope. Seu ponto de partida é o gesto de uma mulher que derrama um alabastro de perfume sobre a cabeça de Jesus no contexto de uma refeição. A partir de então, como alguns ficam indignados com esse gesto, inicia-se uma espécie de debate em torno de seu significado. No debate, é levantada a questão do serviço aos pobres. A questão é legítima, ainda que a explicitação da quantia pela qual o perfume poderia ter sido vendido pode deixar transparecer certa mentalidade calculista. Jesus toma palavra e posição a favor da mulher. Sem negar a importância do serviço aos pobres, ele salienta a oportunidade do gesto dela e o interpreta como uma unção para o seu sepultamento, anunciando sua morte como iminente. Mas, para além de sua morte, abrir-se-á o tempo da proclamação do evangelho em todo o mundo, quando o gesto de generosidade desta mulher também será anunciado em memória dela.

---

[88] J. GNILKA, *Marco*, 746-747.

3

DA CABEÇA AOS PÉS
O RELATO DE MARCOS E OS TEXTOS AFINS NA TRADIÇÃO EVANGÉLICA[1]

Marcos não é o único evangelista a narrar a unção de Jesus em Betânia. Este relato tem seus paralelos em Mateus e João. E também em Lucas há um texto que narra uma unção de Jesus. Ao longo da história da leitura e interpretação dos evangelhos, a diversidade destes relatos nem sempre foi vista da mesma maneira.

Teofilacto, por exemplo, explica que se trata de três mulheres diferentes (portanto, três unções diferentes): uma aquela da qual nos fala João, a irmã de Lázaro; outra aquela de Lucas, uma meretriz que veio a Jesus no tempo de sua atividade como pregador; outra ainda aquela de Mateus e Marcos, que veio a Jesus no tempo de sua paixão e a respeito da qual não se diz que fosse uma pecadora.[2] Semelhante é a posição de Orígenes, que vê igualmente três unções distintas.[3] Já para Agostinho trata-se igualmente de três unções, mas de apenas duas mulheres. Uma é a pecadora que aparece no relato de Lucas, a outra é Maria, irmã de Lázaro, que ungiu Jesus duas vezes. Na primeira vez, ungiu-lhe os pés. Na segunda vez, rompendo o frasco, com tudo o que ainda restava ali, perfumou sua cabeça.[4]

---

[1] Este capítulo já foi publicado resumidamente na revista *Perspectiva Teológica*, Belo Horizonte, ano 30, n. 80, p. 95-106.
[2] THOMÆ AQUINATIS, *Catena Super Marci Evangeliorum*, XIV,3.
[3] E. KLOSTERMANN (ed.), *Origenes Werke. Matthäuserklärung I*, MAT. COM. A 77.
[4] THOMÆ AQUINATIS, *Catena Super Marci Evangeliorum*, XIV,3.

A abordagem atual diante da diversidade destes mesmos relatos é outra. A exegese, hoje, interroga-se sobre a possibilidade de encontrar uma mesma tradição subjacente a estes relatos, sobre o trabalho redacional pelo qual cada um deles passou, e sobre a perspectiva própria de cada evangelista que transparece em seu texto final.

O desafio que nos cabe agora é precisamente o de realizar um estudo comparativo de nossa perícope: abrindo a sinopse dos quatro evangelhos vamos dirigir nosso olhar para as colunas laterais àquela de Marcos. Quanto a nossa maneira de proceder, tomaremos primeiramente Mt 26,6-13, em seguida Jo 12,1-8 e, finalmente, Lc 7,36-50, sempre em comparação com Mc 14,3-9.[5]

3.1. Confronto entre Mc 14,3-9 e Mt 26,6-13

Lendo paralelamente estes dois relatos constatamos que:

1. *O texto de Mateus é um pouco mais breve.* Enquanto o relato da unção de Jesus em Betânia ocupa 8 versículos em Mateus, em Marcos ocupa 7. Contudo, enquanto o texto de Marcos contém 124 palavras, segundo a 27ª edição de Nestle-Aland e contando inclusive artigos e partículas, o texto de Mateus, segundo o mesmo critério e na mesma edição, contém 109. Portanto, são 15 palavras a menos, o que representa, aproximadamente, 1 versículo.

2. *Ambos os textos coincidem basicamente: seja em relação à história narrada, seja em relação ao vocabulário utilizado.* Podemos encontrar em ambos os evangelhos o mesmo fio condutor que estrutura o relato: a menção de que Jesus está em Betânia, o gesto de uma mulher que derrama um alabastro de perfume sobre sua cabeça, as críticas a este gesto e a réplica de Jesus. Também em relação ao vocabulário com o qual a história é narrada há uma coincidência de base. Sempre segundo a 27ª edição de Nestle-Aland, das 109 palavras do texto de Mateus, 67 se encontram de maneira

---

[5] Este estudo depende, como material básico, de K. ALAND (ed.), *Synopsis Quattuor Evangeliorum*, n. 306.

idêntica no texto de Marcos, às quais se podem ainda somar outras 8 em que a diferença consiste apenas na mudança, por exemplo, de um acusativo para um dativo ou de outra forma de um mesmo verbo. Temos, assim, uma coincidência de 69%, no que diz respeito a vocabulário, do texto de Mateus em relação ao de Marcos.

Diante dessa constatação, torna-se evidente que existe uma mesma tradição (fonte) subjacente a ambos os evangelistas (a mesma história) e que esta tradição consiste numa fonte escrita, o que explica a expressiva coincidência de vocabulário.

3. Tomando em consideração os pontos em que os dois relatos se diferenciam, notamos que *o relato de Marcos apresenta mais detalhes ausentes em Mateus que o contrário*. As particularidades de Marcos em relação a Mateus são as seguintes:

— o perfume é de *nardo genuíno* e poderia ter sido vendido por *trezentos denários*. Marcos insiste mais que Mateus na caracterização do perfume;
— a mulher *rompe o alabastro* antes de derramar o perfume;
— os que criticam a mulher estão indignados *entre si* e *resmungam contra ela*: a reação contrária ao gesto da mulher é mais marcante; o mesmo se pode deduzir pelo imperativo *Deixai-a*, que não aparece no texto de Mateus;
— em Mc 14,7 a frase *e quando quiserdes podeis fazer-lhes o bem* é própria de Marcos, sendo que, exceto por esta frase, este versículo seria idêntico a Mt 26,11;
— em Mc 14,8 é próprio de Marcos que a mulher fez *o que pôde* e que *antecipou-se* a perfumar o corpo de Jesus. A ideia de uma *antecipação* não aparece em Mateus.

Da parte de Mateus, o que lhe é próprio é que aqueles que criticam o gesto da mulher são *os discípulos* (26,8). Além dessa particularidade, podem-se ainda notar os verbos ἰδόντες, *tendo visto*, em 26,8, referido aos discípulos, e γνούς, *tendo tomado conhecimento*, em 26,10, referido a Jesus, e o demonstrativo τοῦτο, *este*, que acompanha εὐαγγέλιον, *evangelho*, em 26,13.

Estas diferenças ajudam, sobretudo, a perceber alguns pontos sobre os quais cada evangelista insiste mais de acordo com sua perspectiva. Mas, sem dúvida, elas colocam igualmente a questão da crítica literária. Vimos anteriormente que ambos evangelistas utilizaram uma mesma fonte escrita. Ora, o que poderíamos ainda afirmar sobre esta fonte escrita? É de domínio comum que, na questão sinótica, Marcos estaria na base da composição dos evangelhos de Mateus e Lucas. Tomemos, pois, como hipótese inicial, que esta fonte escrita foi primeiramente utilizada por Marcos, depois, através de Marcos, este material tornou-se conhecido de Mateus, que o reelaborou para incluí-lo em seu evangelho. Assim, as diferenças encontradas entre estes dois relatos seriam, de modo geral, o resultado dessa reelaboração de Mateus.

4. *Em vários pontos os relatos são semelhantes, sendo que o relato de Mateus apresenta algumas mudanças do ponto de vista gramatical em relação a Marcos.* Já tomamos em consideração o que Mt 26,6-13 tem de idêntico com Mc 14,3-9 e também o que estes textos têm de diferente. Falta considerar o que têm de semelhante: são as pequenas variações, mas que tomadas em seu conjunto demonstram um trabalho de reelaboração do texto. Estas variações, algumas das quais são perceptíveis apenas no texto grego, são as seguintes:

Mt	Mc
Τοῦ δὲ Ἰησοῦ γενομένου	Καὶ ὄντος αὐτοῦ
ἐν οἰκίᾳ	ἐν τῇ οἰκίᾳ
προσῆλθεν αὐτῷ	ἦλθεν
καὶ κατέχεεν	κατέχεεν (assindeton)
ἐπὶ τῆς κεφαλῆς αὐτοῦ	αὐτοῦ τῆς κεφαλῆς
ἀνακειμένου	κατακειμένου
ἠγανάκτησαν	ἦσαν ἀγανακτοῦντες
ἐδύνατο	ἠδύνατο
δοθῆναι πτωχοῖς	δοθῆναι τοῖς πτωχοῖς
εἶπεν αὐτοῖς	εἶπεν
τί κόπους παρέχετε τῇ γυναικί	τί αὐτῇ κόπους παρέχετε
εἰς ἐμέ	ἐν ἐμοί
πρὸς τὸ ἐνταφιάσαι με	εἰς τὸν ἐνταφιασμόν
ἐν ὅλῳ τῷ κόσμῳ	εἰς ὅλον τὸν κόσμον

Ora, estas variações apresentam claramente um melhoramento do texto da parte de Mateus do ponto de vista gramatical e um refinamento do ponto de vista do estilo literário, evitando aramaismos comuns ao texto de Marcos.

5. *Mas se o texto de Mateus apresenta mais características de uma reelaboração, estas características também não estão ausentes do texto de Marcos.* Se a comparação entre os textos de Mateus e de Marcos nos levou até agora a salientar aqueles pontos em que o texto de Mateus parece depender do texto de Marcos, do qual seria uma reelaboração, temos que destacar que também o texto de Marcos apresenta características de um trabalho de reelaboração, que aparecem mais facilmente quando comparado com Mateus. Estas características surgem sobretudo em algumas particularidades do relato marcano. O recurso à omissão desses elementos da parte de Mateus seria uma solução simplista se aplicada a todos os casos. O mais provável é que nosso texto de Marcos tenha passado por uma revisão depois que foi conhecido por Mateus.

Assim, se Mateus conheceu o relato de Marcos (nossa hipótese inicial), certamente não o conheceu em seu estágio atual. O melhor seria dizer que ambos dependem de uma fonte comum. Possivelmente, contudo, o atual Evangelho segundo Marcos está mais próximo que Mateus desta fonte comum. Uma última palavra, entretanto, somente pode ser dita após a comparação de Marcos/Mateus com o outro relato paralelo da unção de Jesus em Betânia, em Jo 12,1-8.

6. Antes, porém, de passarmos para João, convém destacar que *em ambos os evangelhos o contexto imediato em que a perícope está inserida é basicamente o mesmo*: em ambos precede a informação da proximidade da festa da páscoa e de que autoridades pretendiam prender e matar Jesus por meio de um ardil, e em ambos segue o relato de Judas que vai aos chefes dos sacerdotes para entregar Jesus. Se é certo que estas perícopes apresentam uma boa variedade de detalhes em cada evangelista, em suas linhas gerais nos ajudam a compreender que a fonte escrita da qual se originaram os relatos atuais de Mc 14,3-9 e Mt 26,6-13 era

mais ampla, ou seja, o relato da unção de Jesus em Betânia estava inserido numa sequência narrativa maior, talvez abrangendo todo o relato da paixão.[6]

3.2. Confronto entre Mc 14,3-9 e Mt 26,6-13 com Jo 12,1-8

Lendo paralelamente estes relatos, constatamos que:

1. *Jo 12,1-8 apresenta uma narrativa muito semelhante àquela de Marcos e Mateus.* Salientando-se os pontos comuns a estes textos, percebe-se a mesma história, embora com uma variedade de detalhes. A estrutura da história narrada é a mesma: Jesus está em uma refeição em Betânia, uma mulher o perfuma/unge e este gesto provoca reações. Jesus toma a palavra em defesa da mulher e interpreta o gesto dela em vista de seu sepultamento.

A partir desta constatação é possível pensar numa origem comum dos três relatos atuais.

2. *Quanto ao vocabulário, os contatos são poucos, mas tornam-se mais numerosos quando se considera somente João e Marcos*. Na identificação de um vocabulário comum entre Marcos-Mateus-João, as coincidências maiores são:

— em Jo 12,5 aparecem os mesmos verbos πιπράσκω, *vender*, e δίδωμι, *dar*, que em Mc 14,5 e Mt 26,9, embora em formas verbais diferentes, e a referência aos *pobres* (πτωχοῖς);

— em Jo 12,7 e Mc 14,8 aparece a palavra ἐνταφιασμός empregada de modo muito semelhante; Mateus conserva o mesmo radical na forma verbal:

– Jo ἵνα εἰς τὴν ἡμέραν τοῦ ἐνταφιασμοῦ μου..., para o dia do *sepultamento* meu...
– Mc   εἰς   τὸν ἐνταφιασμός   , para o *sepultamento*.
– Mt   πρὸς   τὸ ἐνταφιάσαι με   , para o *sepultar*-me.

— Jo 12,8; Mc 14,7; Mt 26,8 → τοὺς πτωχοὺς γὰρ πάντοτε (Mc/Mt πάντοτε γὰρ τοὺς πτωχούς) ἔχετε μεθ᾽ἑαυτῶν, ἐμὲ

---

[6] Para R. Pesch, Mc 14,3-9 já estava integrado à história pré-marciana da paixão. R. PESCH, *Il Vangelo di Marco*, Parte seconda, 488.

δὲ οὐ πάντοτε ἔχετε, *os pobres, de fato, sempre tendes convosco, a mim, porém, nem sempre tendes*. Esta frase em João, contudo, não é isenta de problemas de crítica textual. Ela está ausente no códex Bezæ (D) e no manuscrito Siro-Sinaítico. Excetuando-se Mateus, podemos acrescentar alguns outros contatos de vocabulário entre João e Marcos:
— em ambos o perfume é de nardo genuíno (μύρου νάρδου πιστικῆς, *perfume de nardo genuíno*);
— Jo 12,5 está muito próximo de Mc 14,5:

Jo	Mc
διὰ τί	ἠδύνατο γὰρ
Por que	poderia pois
τοῦτο τὸ μύρον	τοῦτο τὸ μύρον
este perfume	este perfume
οὐκ ἐπράθη	πραθῆναι
não foi vendido	ter sido vendido
τριακοσίων δηναρίων	δηναρίων τριακοσίων
por trezentos denários	por denários trezentos
καὶ ἐδόθη πτωχοῖς	καὶ δοθῆναι τοῖς πτωχοῖς
e dado aos pobres	e ser dado aos pobres

— em ambos, o discurso de Jesus começa com um imperativo aoristo do verbo ἀφίημι, *deixar*, + αὐτήν, *ela*. Em Marcos, o imperativo está no plural, dirigido àqueles que molestam a mulher. Em João está no singular, dirigido a Judas, o que provavelmente é uma reelaboração de João, já que na sequência reaparece a forma plural com ἔχετε, *tendes*.

A partir dessas constatações, é possível postular que uma mesma tradição escrita se encontra presente nos relatos atuais de João e Marcos, tradição esta reelaborada de maneira independente por cada um destes evangelistas. Aliás, duas das *particularidades* de Marcos em relação a Mateus, que elencamos acima, encontram semelhança no relato de João: a caracterização do perfume: sua qualidade e preço, e o imperativo no início do discurso de Jesus.

Teríamos, assim, que Marcos combina duas narrativas, mas que se originaram sempre de uma mesma tradição (a mesma história). Uma, em comum com Mateus, talvez já inserida num relato mais amplo da paixão de Jesus, ou talvez, aí inserida numa redação preliminar de Marcos. A outra, em comum com João, ao que parece uma narrativa mais breve.[7] A ausência de vários elementos comuns a Marcos e João em Mateus possivelmente se explica pelo fato de que a narrativa de Mateus teria sido formada de Marcos antes que este tivesse combinado suas duas fontes.

3. *Uma boa parte dos detalhes do relato joanino são típicos do autor deste evangelho*, como uma ambientação mais pormenorizada ao iniciar um novo relato e a caracterização de uma personagem que entra em cena. Em nosso caso, estes elementos típicos do estilo joanino aparecem nos vv. 1-2, que dizem respeito não somente a Jesus, mas também a Lázaro e à ceia em geral. Este elenco de informações contrasta com a escassez de notícias em Marcos a respeito de Simão, o anfitrião de Jesus. O mesmo se pode aplicar ao v. 4, quando Judas entra em cena e ainda ao v. 6, uma "intromissão do narrador" no desenrolar da história. Colocando-se à parte estes desenvolvimentos próprios a João, o relato da unção de Jesus em Betânia, neste evangelho torna-se mais simples que aquele de Marcos/Mateus. A questão do *desperdício* do perfume não é explicitada e a objeção colocada por Judas vai direto à questão da venda do perfume para ajudar os pobres. A resposta de Jesus, no final da perícope, é igualmente mais breve e direta.

João, contudo, alonga-se um pouco mais que Marcos e Mateus ao narrar a unção propriamente dita e aqui aparece também uma diferença sensível entre estes evangelistas: em João, Jesus é ungido nos pés; em Marcos/Mateus, na cabeça. Esta diferença seria talvez uma marca que distingue as duas tradições escritas que se originaram de um mesmo episódio? Uma compreensão melhor a respeito desse ponto específico somente será possível depois que incluirmos em nosso estudo também um paralelo lucano de uma unção de Jesus.

---

[7] Para W. Munro, esta narrativa é uma versão pré-marciana, semelhante ao atual relato de Marcos, mas não idêntica, e que João teria conhecido. W. MUNRO, The Anointing in Mark 14,3-9 and John 12,1-8, 130.

4. Mas, antes de passarmos a Lucas, queremos destacar também aqui que *o contexto imediato em que a perícope está inserida, embora não sendo o mesmo, é semelhante em Marcos-Mateus e em João*. Em todos os três evangelistas aparecem motivos que orientam para a paixão de Jesus: a informação da proximidade da páscoa, a menção de Judas como traidor, a decisão das autoridades de matar Jesus. Isso nos leva a pensar que a tradição em torno à unção em Betânia aparece ligada aos fatos que precederam imediatamente à morte de Jesus, em torno de seus últimos dias em Jerusalém. Mas a diferença básica de contexto é esta: em Marcos-Mateus a unção de Jesus em Betânia se dá depois da entrada messiânica de Jesus em Jerusalém, em João, é justamente a perícope que a precede.

3.3. Confronto entre Mc 14,3-9; Mt 26,6-13; Jo 12,1-8 com Lc 7,36-50

Lendo paralelamente estes relatos constatamos que:

1. *Os elementos comuns de Lucas com os outros evangelistas são poucos*: no contexto de uma refeição, Jesus é ungido por uma mulher, este gesto provoca uma reação (interior, em Lucas) e Jesus toma a defesa da mulher. A história narrada por Lucas, contudo, é diferente, apesar da estrutura narrativa semelhante.

2. *O relato de Lucas é bem mais longo e traz as marcas de uma composição como mosaico*. No relato aparecem cenas de uma refeição de Jesus em casa de um fariseu, a acolhida de uma pecadora pública, uma parábola, um elenco de boas normas de hospitalidade. O final da perícope traz elementos que parecem tomados das perícopes do paralítico transportado até Jesus pelo teto de uma casa e da cura da mulher hemorroíssa.

3. *Nesse mosaico, alguma coisa parece ter vindo também da unção de Jesus em Betânia*: a pecadora unge Jesus no decorrer de uma refeição com um perfume trazido num alabastro. Como João, ela unge os pés de Jesus e os enxuga com seus cabelos (mas em Lucas, primeiro ela enxuga e depois unge). Como em Marcos/

Mateus, o dono da casa se chama Simão. Mas, sobretudo, o empréstimo maior de Lucas parece ter sido a estrutura da perícope, que lhe dá o quadro para a apresentação de seu material de origem variada. É ainda interessante notar que no cap. 22, quando inicia seu relato da paixão, Lucas passa diretamente dos propósitos das autoridades de prender Jesus para a cena de Judas junto aos chefes dos sacerdotes, sem inserir aqui uma unção, como o fazem Marcos/Mateus, o que seria, no Evangelho segundo Lucas, a duplicação de um relato.

4. *Mesmo no material que parece ter uma origem comum, há algumas diferenças marcantes*, como o fato de que, em Lucas, a mulher que unge Jesus seja uma pecadora, e de que seu gesto seja interpretado como uma contrição em vista do perdão de seus pecados, sem nenhuma referência, como nos outros evangelistas, a uma unção para o sepultamento. Em Lucas, a unção dos pés está em harmonia com o conjunto de sua narrativa: ela é precedida pelas lágrimas do arrependimento e, nos marcos de boas normas de acolhida, a unção da cabeça de Jesus, convidado a uma refeição, não poderia ser de iniciativa da mulher, mas do fariseu que o convidara. Assim, no que concerne ao material lucano em comum com os outros três relatos da unção de Jesus, é difícil saber se são somente empréstimos que Lucas teria tomado para apresentar uma outra tradição que lhe é própria ou se seu relato conservou algo do que poderia ter feito parte de uma antiga tradição em torno de uma unção de Jesus.

3.4. Algumas pistas sobre a história de nossa perícope

O percurso que acabamos de empreender nos levou a encontrar nos atuais relatos de unção de Jesus marcas da história de sua evolução redacional. Na verdade, é bem mais fácil descobrir estas marcas que, a partir delas, tentar reconstruir as etapas da pré-história do texto até os relatos atuais, o que será sempre feito a partir de hipóteses, mais ou menos verossímeis.

Para M.-É. Boismard, é possível identificar no relato marcano da unção de Betânia um relato mais primitivo que teria surgido em ambiente de cultura judaica, no qual eram conhecidos os costumes praticados pelos judeus de unção dos corpos antes do sepultamento. Ora, de acordo com Marcos e Mateus, Jesus tinha sido sepultado sem esta unção, o que era considerado uma desonra. Os judeus certamente teriam utilizado este argumento contra as pretensões dos cristãos de que Jesus fosse o Messias. Nessa polêmica, o relato de Betânia pode ter respondido a tais críticas: a unção de Jesus teria sido feita antecipadamente. Também no discurso de Jesus encontramos os elementos da distinção clássica nos meios rabínicos a respeito das boas obras. Enfim, o texto grego de Marcos revela ainda várias expressões semitizantes.

Segundo este mesmo autor, Marcos teria combinado este relato mais primitivo com outro relato proveniente de um ambiente pagano-cristão, no qual a polêmica sobre o embalsamento do corpo de Jesus não existia e uma antecipação da unção de seu corpo já não fazia sentido. E ainda haveria que se considerar que Jo 19,40 — um texto mais tardio e redigido em ambiente grego — refere-se explicitamente à unção do corpo de Jesus antes de seu sepultamento. Neste meio, a unção de Betânia teria sido reinterpretada em chave cristocêntrica e com certa tendência moralizante.

Enfim, na origem destes relatos está um acontecimento preciso: durante uma refeição em Betânia, num gesto de reconhecimento da honra de uma pessoa, uma mulher unge a cabeça de Jesus com um perfume. Alguns se escandalizam, mas Jesus toma a defesa da mulher com palavras que fazem alusão à proximidade de sua morte. Este fato, por sua vez, deu origem às duas tradições elencadas acima. A partir daqui, Boismard começa a traçar o que poderia ter sido a evolução literária que culminou nos relatos atuais, evolução na qual estas duas tradições foram sendo combinadas e seguiram influenciado-se mutuamente.[8]

Por sua vez D. Daube inicia com uma comparação entre os relatos atuais de Marcos e João, na qual destaca, como diferença principal, o motivo da antecipação, presente em Marcos, ausen-

---

[8] P. BENOIT & M.-É. BOISMARD (eds.), *Synopse des quatre évangiles en Français*, Tome II, § 313.

te em João. Em Marcos a unção é para o sepultamento (14,8), João refere-se apenas ao dia do sepultamento (12,7), que para ele permanece como algo para o futuro. Posteriormente, João vai narrar a unção do corpo de Jesus antes do sepultamento, o que não aparece no relato marcano. Ora, a tradição mais antiga que esteve em circulação seria aquela de que Jesus foi sepultado sem uma unção, como um criminoso comum, ao cair da tarde. Esta tradição seria insuportável para os cristãos e aos olhos dos judeus uma desonra a mais no *escândalo da cruz*. A este problema Marcos responde com uma unção antecipada, João com uma unção feita por José de Arimateia e Nicodemos antes do sepultamento.

Alguns outros detalhes diferentes nos relatos de Marcos e João revelam igualmente a diferença de ótica de cada um: a unção da cabeça e de todo o corpo, feita diretamente do frasco de unguento, como encontramos em Marcos corresponde melhor aos métodos de uma unção fúnebre, que a unção dos pés como encontramos em João. O discurso de Jesus em Marcos (14,6-8) é composto de três partes num *crescendum*. Primeiramente ele diz que ela fez uma boa obra, mas sem especificar qual; depois, que esta boa obra é superior à esmola; e, finalmente, que a boa obra consiste numa unção para o sepultamento. Em João, o gesto da mulher não é chamado de boa obra e nem consiste num embalsamento. Em Marcos, a unção de Betânia está o mais próximo possível do sepultamento. Em João vem antes. Ao relatar a unção antes do sepultamento, João indica que ela foi realizada "conforme o costume dos judeus de sepultar" (Jo 19,40). O rito foi realizado plenamente, com uma testemunha qualificada: Nicodemos, um fariseu respeitado. João, portanto, não tem necessidade de uma unção da cabeça e do corpo de Jesus.

Quanto a Mateus, seu relato é próximo ao de Marcos, mas ele é mais firme que Marcos ao apresentar a unção de Betânia como a unção de Jesus. Mateus não mais insiste na ideia de uma antecipação, elimina a frase que diz que a mulher fez o que pôde e já não voltará mais sobre o assunto quando relatar a ida das mulheres ao túmulo.

Quanto a Lucas, tampouco ele conhece a unção feita por José de Arimateia e Nicodemos e as mulheres que querem ungir o corpo de Jesus chegam tarde demais ao sepulcro. Em seu relato da unção por uma pecadora não há nenhuma referência à morte de Jesus. O episódio não está situado em Betânia, nem no ciclo da paixão. A mulher não derrama um perfume sobre a cabeça de Jesus, mas lava seus pés com suas lágrimas, enxuga com seus cabelos e unge-os. Para Daube, esta versão de Lucas está mais próxima da tradição original.

Assim, num primeiro estágio temos a história de uma mulher penitente que lava os pés de Jesus com suas lágrimas, enxuga com seus cabelos e os unge com perfume. Como se espalha a versão de que o corpo de Jesus não foi ungido antes do sepultamento, o que era uma desonra, surge uma primeira tentativa de mitigação do fato pela intenção das mulheres de ungir o corpo de Jesus, o que não puderam fazer antes devido às prescrições do sábado, nem depois porque Jesus ressuscitara. Num segundo estágio, há uma releitura da unção feita por uma pecadora em vista de suprir a falta da unção antes do sepultamento e surge a tradição em torno de Betânia. O testemunho mais próximo a este segundo estágio é o relato de João. Na fonte utilizada por João, possivelmente já haveria alguma alusão ou prefiguração a uma unção em vista do sepultamento. Ele, contudo, ainda conserva a unção dos pés e o enxugar com os cabelos. O terceiro estágio é dado pelo relato de Marcos que o transforma para apresentar uma unção antecipada do corpo de Jesus para a sepultura. O quarto estágio apareceria em Mateus, que, tomando o texto de Marcos, elimina a ideia de uma simples antecipação, para transformá-lo na única unção de Jesus.[9]

Depois de termos feito nosso próprio percurso sinótico e termos apresentado os dois autores acima, vamos tentar de nossa parte não uma reconstituição propriamente dita da evolução da tradição em torno da unção de Betânia, mas alguns elementos que a nosso ver poderiam pautar uma hipótese de reconstituição:

---

[9] D. DAUBE, The Anointig at Bethany, 312-324.

1. O relato de Marcos depende principalmente de uma fonte escrita proveniente de um ambiente semítico. Seu relato reflete ainda a combinação de uma outra fonte que ele tem em comum com João. Alguns traços redacionais típicos do evangelista aparecem ainda em seu relato final, como, por exemplo, no v. 9.
2. O relato de Mateus segue de perto o relato de Marcos, mas sem as "adições" que este teria feito a partir de sua fonte comum com João.
3. O relato de João segue uma tradição mais simples, mas na qual, certamente, já aparece uma interpretação da unção em vista do sepultamento. Em comum com Lucas, ele apresenta uma unção dos pés de Jesus, ainda que, em João, seja um dado estranho que a mulher os enxugue com seus cabelos depois de ungi-los. O relato joanino da unção de Betânia foi ainda reelaborado a partir da narrativa da ressurreição de Lázaro, apresentando também certos contatos com a perícope da última ceia (Jo 12,3 e 13,5; 12,6 e 13,29).
4. O relato de Lc 7,36-50, apresenta um material próprio de Lucas com elementos tomados aqui e acolá de outras tradições conhecidas pelos outros evangelistas, entre as quais a da unção de Betânia. Mas é difícil saber se Lucas conserva traços de uma tradição mais antiga de uma unção de Jesus.

Possivelmente, os quatro relatos atuais remontam a um mesmo episódio, mas cada qual por seus caminhos. Em Marcos, Mateus e João, este episódio está ligado a Betânia e às vésperas da paixão de Jesus. É comum a estes evangelistas que a unção siga imediatamente a decisão das autoridades de prender e matar Jesus. Todos os três evangelistas notam ainda que a festa da páscoa estava próxima. Quanto aos evangelhos de Mateus e Marcos, seja a partir da redação de Marcos, seja já em sua própria fonte, a perícope da unção em Betânia passa a fazer parte de um relato mais amplo da paixão de Jesus.

4

"ELA ANTECIPOU-SE A UNGIR O MEU CORPO"
O TEXTO NO CONTEXTO DO RELATO DA PAIXÃO NO EVANGELHO SEGUNDO MARCOS

Nosso estudo, agora, vai tomar a direção de compreender melhor como a unção em Betânia se situa em relação ao quadro mais amplo da páscoa de Jesus. Mas, deixando de lado os outros evangelistas, vamos nos concentrar novamente apenas no texto marcano.

Wikenhauser e Schmid apresentam uma estruturação do Evangelho segundo Marcos segundo a qual os capítulos 11–16, formam uma unidade a partir da atividade, paixão, morte e ressurreição de Jesus em Jerusalém. No interior destes capítulos, os capítulos 14–16 narram precisamente a paixão, morte e ressurreição de Jesus. Aí, 14,1-42 narra os momentos supremos de Jesus com seus discípulos, onde está inserida a unção em Betânia.[1] Para nosso estudo a seguir, vamos tomar esta estruturação, relacionando Mc 14,3-9 sucessivamente com os capítulos 11–16; com 14–16, com 14,1-42 e, finalmente, com 14,1-11.

4.1. Mc 14,3-9 no contexto dos capítulos 11–16

A partir do capítulo 11 de Marcos, Jesus se encontra na cidade de Jerusalém, palco dos últimos acontecimentos de sua vida,

---

[1] A. WIKENHAUSER & J. SCHMID, *Introduzione al Nuovo Testamento*, 248-249.

morte e ressurreição. A unidade entre os capítulos 11–16 deste evangelho pode ser colhida a partir de vários pontos de vista. Nós o faremos elencando as anotações de tempo e lugar aí presentes.

As *referências temporais* que marcam a narrativa de Mc 11,1–16,8 são as seguintes:

11,11	ὀψίας ἤδη οὔσης τῆς ὥρας,
	Sendo já tarde a hora,
11,12	Καὶ τῇ ἐπαύριον
	E no dia seguinte
11,19	Καί ὅταν ὀψὲ ἐγένετο
	E quando se fez tarde
11,20	πρωΐ
	De manhã
14,1	Ἦν δὲ τὸ πάσχα καὶ τὰ ἄζυμα μετὰ δύο ἡμέρας
	Era, pois, a páscoa e os ázimos depois de dois dias
14,12	Καὶ τῇ πρώτῃ ἡμέρᾳ τῶν ἀζύμων, ὅτε τὸ πάσχα ἔθυον
	E no primeiro dia dos ázimos, quando a páscoa imolavam
14,17	Καὶ ὀψίας γενομένης
	E sendo tarde
14,72	Καὶ εὐθὺς ἐκ δευτέρου ἀλέκτωρ ἐφώνησεν
	E logo, pela segunda vez, um galo cantou (v. tb. 14,68)
15,1	Καὶ εὐθὺς πρωΐ
	E logo pela manhã
15,25	ἦν δὲ ὥρα τρίτη
	Era, pois, a hora terceira
15,33	Καὶ γενομένης ὥρας ἕκτης
	E sendo a hora sexta
15,34	Καὶ τῇ ἐνάτῃ ὥρᾳ
	E na nona hora
15,42	Καὶ ἤδη ὀψίας γενομένης, ἐπεὶ ἦν παρασκευὴ ὅ ἐστιν προσάββατον
	E já sendo tarde, porque era a preparação, isto é, a véspera do sábado

16,1	Καὶ διαγενομένου τοῦ σαββάτου
	E passado o sábado
16,2	Καὶ λίαν πρωΐ τῇ μιᾷ τῶν σαββάτων
	E muito cedo, no primeiro dia da semana

Podemos notar a partir deste elenco que Marcos narra os últimos acontecimentos da vida de Jesus seguindo um esquema cronológico no qual é possível identificar uma semana. Este esquema tem início em 11,1 com a entrada de Jesus em Jerusalém. A partir de então, Marcos passa a indicar a sequência dos dias. Nos momentos que antecedem a morte de Jesus, em 15,25-37, ele indica também as horas. Sua maneira de contar os dias é semítica, indicando o começo de um novo dia à tarde, com o pôr do sol. Enfim, a referência básica de sua cronologia é a celebração da páscoa judaica.

A festa da páscoa é aquela que recorda a libertação do Egito. Trata-se de uma festa marcada pelo calendário lunar, que começa ao cair da tarde do primeiro dia de lua cheia da primavera. Essa tarde é o início do dia 15 do mês de *nissan*, na qual se come o cordeiro pascal. Em seguida, começa a semana dos ázimos, ou pães sem fermento, de 15 a 21 de *nissan*. Os ázimos recordavam o êxodo, a saída às pressas do Egito, quando o povo não teve tempo para esperar os pães fermentarem (Ex 12,34.39). Tomando em consideração a maneira semítica de contar os dias diferente da nossa, e segundo a cronologia de Marcos, naquele ano o dia 15 de *nissan* começou ao cair da tarde da nossa quinta-feira.[2]

Temos, pois, que, no Evangelho segundo Marcos, a unção de Jesus em Betânia situa-se cronologicamente na última semana de Jesus: depois de sua entrada em Jerusalém e antes de sua morte e ressurreição. As anotações temporais de 14,1 e 14,12 em referência à páscoa marcam um tempo qualitativamente diferente e situam o relato nos dias que antecedem a festa. Mais precisamente, a partir da indicação de que faltam dois dias para a páscoa e os ázimos (14,1), pode-se situar a unção em Betânia na tarde

---

[2] K. STOCK, *Il Racconto della passione nei vangeli sinottici*, Prima parte, 34.

que precede aquela da ceia pascal de Jesus com seus discípulos (14,17), ou seja, ao anoitecer da nossa quarta-feira.

Quanto às *anotações de lugar*, temos que a partir de 11,1 o Evangelho segundo Marcos se desenrola em três cenários básicos, todos três mencionados neste versículo: Jerusalém, Betfagé/Betânia e o Monte das Oliveiras, que está entre aquela cidade e os dois povoados. O próprio evangelista utiliza as palavras πόλις, *cidade*, (11,19; 14,13.16) para designar Jerusalém e κώμη, *povoado*, (11,2) para designar Betânia/Betfagé.

Segundo Marcos, nesta última semana, Jesus está num movimento quase diário de Betânia, passando por Betfagé e pelo Monte das Oliveiras, rumo a Jerusalém. Podemos dizer que nos primeiros dias Jesus vai para Jerusalém pela manhã e volta a Betânia à tarde. Em Jerusalém, o lugar privilegiado onde se encontra é no templo. Isso é o que podemos constatar pelas seguintes anotações de lugar:

11,11	Καὶ εἰσῆλθεν εἰς Ἱεροσόλυμα εἰς τὸ ἱερόν
	E entrou em Jerusalém, no templo
	ἐξῆλθεν εἰς Βηθανίαν
	saiu para Betânia
11,12	ἐξελθόντων αὐτῶν ἀπὸ Βηθανίας
	saindo eles de Betânia
11,15	Καὶ ἔρχονται εἰς Ἱεροσόλυμα. Καὶ εἰσελθὼν εἰς τὸ ἱερόν
	E vêm a Jerusalém. E entrando no templo
11,19	ἐξεπορεύοντο ἔξω τῆς πόλεως
	dirigiram-se para fora da cidade
[11,13-14. 20-25(23)	o relato da figueira pode estar em relação com Betfagé = casa dos figos e τῷ ὄρει τούτῳ, *esta montanha*, no v. 23, com o Monte das Oliveiras.
11,27	Καὶ ἔρχονται πάλιν εἰς Ἱεροσόλυμα. Καὶ ἐν τῷ ἱερῷ περιπατοῦντος αὐτοῦ.
	E vêm novamente a Jerusalém. E estando ele caminhando pelo templo

12,35	διδάσκων ἐν τῷ ἱερῷ,
	ensinando no templo,
12,41	Καὶ καθίσας κατέναντι τοῦ γαζοφυλακίου
	E sentado diante do tesouro
13,1	Καὶ ἐκπορευομένου αὐτοῦ ἐκ τοῦ ἱεροῦ
	E enquanto ele saía do templo
13,3	Καὶ καθημένου αὐτοῦ εἰς τὸ Ὄρος Ἐλαιῶν κατέναντι τοῦ ἱεροῦ
	E estando ele sentado no Monte das Oliveiras diante do templo
14,3	Καὶ ὄντος αὐτοῦ ἐν Βηθανίᾳ ἐν τῇ οἰκίᾳ Σίμωνος τοῦ λεπροῦ
	E estando ele em Betânia na casa de Simão, o leproso.

Depois, a partir de 14,12, ocorre uma mudança. Jesus parece permanecer em Betânia durante o dia, enviando somente dois de seus discípulos a Jerusalém para prepararem a ceia pascal. Em 14,17, à tarde, Jesus vai para Jerusalém com os Doze, para já não mais retornar a Betânia. Terminada a ceia, ele se dirige ao Monte das Oliveiras (14,26), ao Getsêmani (14,32) e daí é conduzido ao sumo sacerdote e ao sinédrio (14,53), de volta a Jerusalém.

Por que Jesus vai passar a noite em Betânia? Por ocasião da festa da páscoa, Jerusalém ficava cheia de peregrinos e encontrar hospedagem na cidade certamente era difícil e dispendioso. Muita gente pernoitava nos arredores da cidade. Em Betânia, nas vizinhanças, a hospedagem era mais fácil. Mas a sequência de Mc 11,18-19, pode completar nossa resposta sobre o que realmente se passava. Antes de nos informar que ao entardecer Jesus se dirigiu para fora da cidade, Marcos nos diz que os chefes dos sacerdotes e os escribas começaram a procurar como o fariam perecer. Jesus, portanto, vai para Betânia em busca de um lugar seguro para passar a noite.

Betânia oferece, pois, um contraponto a Jerusalém no relato da paixão. Lá, na cidade, Jesus passa o dia, ensinando no templo, mas sempre ameaçado pelas autoridades que lá residem e que a ele se opõem. No povoado, Jesus está na companhia de seus discípulos e de outras pessoas que ali residem e o acolhem.

Estas duas realidades — Jerusalém e Betânia — podem ser simbolizadas pelas duas mulheres que aparecem nestes capítulos de Marcos: a viúva pobre (12,41-44) e a mulher que ungiu Jesus (14,3-9). As semelhanças entre as perícopes em que elas aparecem são várias: ambas são mulheres que se entregaram totalmente: uma dando tudo o que possuía, a outra fazendo o que estava a seu alcance. Em troca, merecem de Jesus uma sentença iniciada por *amém*, que lhes reconhece a generosidade.[3] T. J. Geddert realça ainda que estas perícopes servem de moldura ao discurso de Jesus no capítulo 13, no qual ele anuncia a destruição do templo. Neste sentido, a viúva simboliza o próprio sistema religioso que a empobrece e sua oferta, mesmo se subjetivamente louvável, é um desperdício, pois é dada a um templo fadado à destruição. O gesto da mulher de Betânia, ao contrário, prefigura o novo templo: Jesus ressuscitado, e ela simboliza a nova comunidade que se reúne em torno dele.[4]

4.2. Mc 14,3-9 no contexto dos capítulos 14–16

No relato da paixão e ressurreição de Jesus, entram em cena numerosas personagens. Sem pretender elaborar um elenco completo de todas elas, será a partir deste ponto de vista que buscaremos os contatos entre nossa perícope e o conjunto dos capítulos 14–16.

Por trás da cena que se passa em Betânia, descrita nos vv. 3-9, estão os *chefes dos sacerdotes* (os vv. 1-2.10-11) e os *escribas* (os vv. 1-2). Em Marcos, estes dois grupos aparecem várias vezes associados entre si em vista da morte de Jesus. Algumas vezes se lhes associam também os *anciãos*, segundo Mc 15,1, os três grupos que formavam o *Sinédrio*. Estes três grupos aparecem juntos

---

[3] T. E. SCHMIDT, Hostility to Wealth in the Gospel of Mark, 118.
[4] T. J. GEDDERT, *Watchwords. Mark 13 in Markan Escatology*, 134-138.

em 8,31, no primeiro anúncio de Jesus de sua paixão; em 11,27, quando interrogam Jesus no templo sobre sua autoridade e querem prendê-lo (12,12); em 14,43, quando enviam uma multidão armada e realizam seu projeto de prendê-lo; em 14,53, quando se reúnem no palácio do sumo sacerdote para condenar Jesus à morte; e, em 15,1, quando, amarrando Jesus, o conduzem para entregá-lo a Pilatos.

Entre estes três grupos, aquele que mais está em evidência no relato da paixão é o grupo dos chefes dos sacerdotes. Somente eles são mencionados quando procurados por Judas para entregar Jesus, alegram-se com a notícia e lhe prometem dinheiro (14,10-11); quando acusam Jesus diante de Pilatos (15,3) e quando incitam a multidão que subira a Pilatos para pedir que lhes soltasse um preso por ocasião da festa (Barrabás: 15,31). No relato da paixão, os escribas são mencionados sempre com os chefes dos sacerdotes, mas seu conflito com Jesus tem início muito antes. Já em 1,22, na primeira vez que Marcos apresenta Jesus ensinando, na sinagoga de Cafarnaum, ele nota que "maravilhavam-se com seu ensinamento, pois ensinava-os como quem tem autoridade e não como os escribas". Em 2,6 os escribas raciocinam interiormente acusando Jesus de blasfemar. E o conflito eclode em 3,22, quando escribas vindos de Jerusalém acusam Jesus de estar possuído por Beelzebu. No relato da paixão, além das passagens já citadas, eles aparecem ainda zombando de Jesus que está na cruz, juntamente com os chefes dos sacerdotes (15,31).

Os *discípulos* de Jesus são também personagens importantes no relato marcano da paixão, seja pela sua presença constante até 14,50, seja pela sua total ausência de 15,1 a 16,7. Como já vimos anteriormente, seguindo a lógica narrativa de Marcos, também eles estariam presentes na ceia de Betânia, ainda que não sejam mencionados. Em 14,12, eles aparecem tomando a iniciativa de perguntar a Jesus onde gostaria que preparassem a ceia pascal. Jesus, então, envia dois deles a Jerusalém para que se encarreguem dos preparativos (14,13-16). Ao iniciar a narrativa da ceia, contudo, Marcos já não utiliza o termo μαθηταί, *discípulos*, mas especifica que Jesus dirige-se à cidade com os *Doze*. É, portanto, este grupo que está com Jesus na ceia. Este mesmo termo — os Doze — aparece nas referências ao traidor: uma vez num discurso direto de Jesus, que anuncia que seu traidor é um dos Doze (14,20), e duas outras vezes, sempre que o narrador menciona o nome de *Judas*, acrescentando que ele é um dos Doze (14,10.43). Em 14,32, volta a aparecer o termo "discípulos", quando eles acompanham Jesus ao Getsêmani.

Além de Judas, aparece o nome de outros três discípulos do grupo dos Doze: *Pedro, Tiago* e *João*. Ao chegar ao Getsêmani, Jesus toma consigo estes três discípulos para estarem mais próximos a ele em seu momento de oração (14,33). Pedro é, sem dúvida, o discípulo que mais se sobressai no relato da paixão. Ele protesta sua coragem a Jesus ao afirmar que mesmo se todos os outros se escandalizassem, ele não o faria. Mas Jesus lhe prediz sua tríplice negação que está para acontecer (14,28-31). Ao voltar de seu primeiro momento de oração, Jesus vê os discípulos que dormem, mas dirige-se somente a Pedro e o interpela com o nome de Simão, o nome com o qual era chamado antes de passar a fazer parte do grupo dos Doze (1,16.29.30.36; 3,16). Quando Jesus é levado preso, Pedro o segue até o pátio do palácio do sumo sacerdote (14,54). E ali, Pedro nega Jesus três vezes, recorda-se do que ele lhe dissera e chora (14,66-72).

O grupo dos discípulos aparece ainda em 14,50, um versículo muito breve no qual Marcos nos diz que, abandonando Jesus, *todos* fugiram.

Mas no relato da paixão aparecem também algumas pessoas solidárias com Jesus. São aqueles aos quais se pode aplicar o dito de Jesus de que "fizeram o que puderam" (14,8). Podemos contar entre elas: *Simão, o leproso*, que convida Jesus para uma refeição em sua casa (14,3) e *Simão Cirineu*, que, ainda que constrangido, carrega a cruz de Jesus até o Calvário (15,21). Também *José de Arimateia*, que, ousando entrar onde estava Pilatos, pede-lhe o corpo de Jesus e providencia o seu sepultamento (15,42-46). Outra figura importante é o *centurião romano*, que vendo como Jesus expirara, exclama: "Verdadeiramente este homem era o Filho de Deus" (15,39).

O destaque maior, contudo, fica por conta das *mulheres*. Se os discípulos abandonam Jesus, elas continuam a segui-lo, como tinham feito desde a Galileia e estão presentes no Calvário (15,40-41). Continuam a servi-lo e estão presentes no sepultamento (15,47). No raiar do primeiro dia da semana, dirigem-se ao túmulo para ungir seu corpo e tornam-se as primeiras testemunhas da ressurreição (16,1-8).

Assim, Marcos — que começara seu relato da paixão com o gesto de uma mulher que unge o corpo de Jesus para o seu sepultamento — termina-o também com as mulheres, testemunhas da morte, sepultamento e ressurreição de Jesus. Por três vezes, em 15,40.47; 16,4, Marcos emprega o verbo θεωρέω, *olhar atentamente*, referindo-se a elas. E, sendo testemunhas, recebem a missão de anunciar aos discípulos e a Pedro que Jesus ressuscitado os precede na Galileia. A estas mulheres — *Maria Madalena, Maria, mãe de Tiago e de José,* e *Salomé* — junta-se aquela *mulher de Betânia*. São as discípulas de Jesus que o acompanham até o fim.

4.3. Mc 14,3-9 no contexto de 14,1-42

No relato marcano da paixão, até 14,42, Jesus está com seus discípulos. No versículo seguinte, Marcos narra a chegada de Judas com a multidão armada que vem para prender Jesus. Nossa aproximação ao conjunto dos vv. 1-42 será a partir de como neles o evangelista nos apresenta Jesus diante de sua morte.

Já vimos como o relato da unção de Betânia torna presente o tema da morte de Jesus. De modo especial, no v. 8, Jesus refere-se à sua morte como um fato iminente, de tal modo que interpreta a unção em vista de seu sepultamento. Mas, ao mesmo tempo, Jesus anuncia também o tempo futuro da proclamação do evangelho.

Marcos começa seu relato da ceia pascal de Jesus com os Doze, com o anúncio da parte de Jesus de que um deles estava para entregá-lo. As palavras utilizadas por Jesus são importantes — "um de vós que come comigo" —, pois revelam a intimidade do traidor. Jesus faz notar igualmente que ele caminha para sua paixão por um desígnio superior, mas que aquele por quem é entregue terá uma sorte infeliz (14,17-21). Pelo anúncio da traição, Jesus torna presente, mais uma vez, o tema de sua morte.

Podemos estabelecer ainda alguns outros paralelos entre 14,3-9 e 17-21. Em ambos o contexto é o de uma refeição e Jesus está entre amigos. O v. 9 pode ser colocado em contraste com o v. 21, conforme mostra F. W. Danker, a partir da reminiscência de Mc 14,18 ao Sl 41(40),10: "até meu amigo, em quem eu confiava, que comia do meu pão...". No v. 9, temos, então, uma *bênção* pronunciada em favor da mulher que agiu com benevolência em relação a Jesus: "Feliz quem pensa no fraco e no indigente, o Senhor o guarda, dá-lhe vida e felicidade na terra" (Sl 41[40],2-3). No v. 21, temos uma *maldição* pronunciada sobre Judas, que também se inscreve no quadro do mesmo salmo ao anunciar a vitória do justo que sofre sobre seu inimigo.[5] No mais, Jesus mostra-se sempre consciente de tudo o que se passa. Ao anunciar sua morte em 14,8, mostra-se consciente do que as autoridades judaicas tramam em segredo (14,1-2). Ao anunciar a traição de um dos seus, mostra-se consciente do que Judas acaba de fazer (14,10-11).

Continuando o relato da última ceia, Marcos nos conta a instituição da Eucaristia: como Jesus faz dom de seu corpo e sangue aos seus discípulos. Corpo e sangue tornam presente mais uma vez a morte de Jesus, sobretudo o sangue, "que é derramado em favor de muitos" (14,24). Aqui, Jesus exprime o sentido de sua morte. Ela é doação e, portanto, um ato de liberdade. Em seguida, numa sentença que começa também com a expressão "Amém, eu vos digo", como em 14,9, Jesus refere-se a um tempo novo — simbolizado pelo vinho novo — no Reino de Deus. Trata-se, pois, de um tempo que está para além da morte de Jesus, que é o tempo da realização escatológica do Reino de Deus (14,25).

No caminho para o Monte das Oliveiras, Jesus se refere mais uma vez a sua própria morte, desta vez em sua significação para os discípulos: eles ficarão escandalizados e dispersar-se-ão. Mas

---

[5] F. W. DANKER, The Literary Unity of Mark 14,1-25, 468.472.

Jesus, mais uma vez, projeta-se para o futuro, para um novo acontecimento que ultrapassa sua morte. Ele anuncia que depois que tiver ressuscitado, precederá seus discípulos na Galileia (14,26-28). Será, porém, em seguida, ao predizer a negação de Pedro, que Jesus mostra-se ainda mais consciente de sua morte como um fato imediato. Ele diz a Pedro: "*hoje, nesta noite*, antes que o galo cante duas vezes, três vezes renegar-me-ás" (14,30).

Chegamos, enfim, à perícope em que Jesus está no Getsêmani e toma consigo Pedro, Tiago e João. Diante das mesmas testemunhas da ressurreição da filha de Jairo (5,37) e da transfiguração (9,2), Jesus "começou a apavorar-se e a angustiar-se". Ele lhes revela que sua alma sente uma tristeza profunda (14,33-34). É a primeira vez que Marcos deixa transparecer as emoções de Jesus diante de sua morte. Neste quadro do estado de espírito de Jesus, o evangelista começa a narrar sua oração no Getsêmani, na qual ele entrega toda a sua vida ao querer do Pai, que ele chama de *Abba* (14,35-36).

Podemos notar que, desde a perícope da unção de Betânia, os anúncios de Jesus de sua morte vão se tornando cada vez mais concretos e cada vez mais iminentes, revelando Jesus consciente e livre diante do que está prestes a acontecer. Isso não impede que ele, partilhando nossa natureza humana, experimente a angústia diante da morte. Enfim, Marcos nos apresenta Jesus igualmente consciente de que sua morte não é o fim. Para além, está a ressurreição, o reencontro com os discípulos na Galileia, o tempo da proclamação do evangelho em todo o mundo e o vinho novo no Reino de Deus.

4.4. Mc 14,3-9 no contexto imediato de 14,1-11

Marcos 14,1-2 nos informa que os chefes dos sacerdotes e os escribas procuravam prender e matar Jesus. Nos últimos capítulos, esta é a terceira vez que Marcos nos informa a respeito de tais intenções desses dois grupos. Um obstáculo, entretanto, impediu-os até agora de realizar este projeto: as multidões, que estavam maravilhadas com o ensinamento de Jesus (11,18; 12,12).[6] Como superar este obstáculo? Primeiramente, eles pensam em prender e matar Jesus, por um ardil (14,1). A segunda precaução é deixar passar a festa da páscoa, quando Jerusalém estava cheia de gente e havia o perigo de uma agitação popular (14,2). Já antes eles haviam tentado prender Jesus por uma armação ao enviar-lhe alguns dos fariseus e dos herodianos, com a intenção de fazê-lo pronunciar uma palavra contra a autoridade romana (12,13-18). Mas este plano fracassou. Como encontrar outro artifício?

A narrativa da ceia de Betânia que vem a seguir está, pois, inserida neste contexto de tensão, em que as autoridades judaicas estão calculando a morte de Jesus.

A perícope seguinte nos mostra Judas que vai ao encontro dos chefes dos sacerdotes para entregar Jesus, recebendo dinheiro em troca. O dinheiro é um dos motivos presentes no relato da unção de Betânia: a alta soma pela qual o perfume poderia ter sido vendido. É possível dizer que a avidez por dinheiro acaba proporcionando aos chefes dos sacerdotes o ardil que eles buscavam? Sem dúvida esta seria uma conclusão mais fácil a partir do relato joanino, no qual é Judas quem levanta a objeção de que o perfume poderia ter sido vendido, e o evangelista ainda nos informa que ele não estava preocupado com os pobres, mas "que era ladrão e, tendo a bolsa comum, roubava o que aí era colocado" (Jo 12,4-6). Poderíamos também dizer o mesmo para Marcos, guardando as particularidades de seu relato?

O que é evidente em Marcos é a oposição entre os grupos citados nos vv. 1-2, os chefes dos sacerdotes e os escribas, e as pessoas que, em torno a Jesus, participam com ele da refeição em Betânia. Estes são seus amigos. Mas mesmo no grupo dos amigos existe divisão. A atitude de estima da mulher em relação a Jesus é rejeitada por alguns dos presentes. Julgam eles que Jesus não a mereceria? E, por fim, deste grupo sai Judas, que passa para o lado dos adversários e trai Jesus.[7] Ao ouvirem-no, os chefes dos

---

[6] K. STOCK, *Il Racconto della passione nei vangeli sinottici*, Prima parte, 36.
[7] K. STOCK, *Il Racconto della passione nei vangeli sinottici*, Prima parte, 44.

sacerdotes se alegram (14,10). Eles encontraram entre os mais próximos de Jesus um aliado.

Pela leitura contínua de 14,1-11 emerge a oposição. De uma parte a mulher que honra Jesus com um perfume de nardo precioso, caríssimo, no valor de trezentos denários. De outra parte Judas, a quem os chefes dos sacerdotes prometem algumas moedas de prata quando tiver concretizado sua intenção de lhes entregar Jesus.

A situação paradoxal em que se encontram Judas e a mulher é ainda maior se realmente Marcos relaciona a presente unção com a identidade messiânica de Jesus. Teríamos, então, em 14,1-11 um guia de como compreender o relato da paixão que está se iniciando: o que aí é narrado constitui o momento supremo de Jesus como Messias, ao mesmo tempo em que seu messianismo é a chave do significado de sua paixão.[8]

---

[8] D. E. NINEHAM, *The Gospel of Saint Mark*, 372-373. Cf. ainda C. M. de TILESSE, Marcos e o evangelho, 57.

5

JESUS NA *CASA* DOS POBRES

Chegamos, pois, ao último capítulo deste estudo. Aqui, vamos continuar ampliando nosso campo de visão. Primeiramente, vamos nos voltar para o povoado de Betânia: elencaremos suas referências no Novo Testamento e tentaremos conhecer o que significa ou recorda este nome. Enfim, vamos buscar encontrar Betânia nas comunidades cristãs de hoje, especialmente naquelas que se situam nas periferias pobres de nosso mundo.

5.1. Betânia no Novo Testamento

O Novo Testamento conhece duas localidades com o nome de Betânia. Uma delas aparece em Jo 1,28, em parte da tradição textual para este versículo, que nos fala de Betânia, do outro lado do Jordão, onde João batizava.[1] A outra localidade, a que nos interessa neste trabalho, conta, por sua vez, com onze ocorrências no Novo Testamento, sempre nos evangelhos.

Marcos 11,1 e Lucas 19,29 nos falam da localização de Betânia: próxima a Jerusalém, a Betfagé e ao Monte das Oliveiras. João 11,18 nos informa que Betânia estava a aproximadamente

---

[1] Outra parte da tradição textual, menos numerosa, mas também importante, traz a lição Βηθαβαρᾷ, *Betabara*, como nome do local onde João batizava. Esta lição é atestada em grego pelas famílias de manuscritos $f^{1.13}$, pelo manuscrito 33, tendo sido inserida por corretores dos manuscritos C e Ψ; nas seguintes versões antigas: *Vetus Syra*, copta sahídica, armênia e georgiana, e na patrística em Eusébio e Epifânio, sendo conhecida de Orígenes e Crisóstomo.

quinze estádios de Jerusalém. Um estádio corresponde a 185 metros. Temos, portanto, a distância de cerca de 2,775 quilômetros.

Vindo a Jerusalém para a páscoa, Jesus chega à cidade pela direção nordeste, pela estrada que subia de Jericó. A última perícope de Marcos antes da entrada de Jesus em Jerusalém se passa na sua saída de Jericó (Mc 10,46-52). Ora, Betânia estava próxima a esta estrada, antes de se atingir Jerusalém.

Chegando perto de Betânia, Jesus envia dois de seus discípulos para que tragam um jumentinho sobre o qual entrará na cidade. Segundo Mc 11,2; Mt 21,2; Lc 19,30 Jesus envia estes discípulos ao "povoado em frente", que certamente é Betânia.

Terminada a jornada em Jerusalém, Marcos e Mateus nos dizem que Jesus se dirigiu a Betânia (Mc 11,11; Mt 21,17). Mateus é mais explícito ao anotar que ele aí pernoitou. De qualquer maneira, como já vimos, era em Betânia que Jesus passava a noite durante sua última semana em Jerusalém. Segundo Mateus, o episódio da expulsão dos vendedores do templo segue imediatamente à entrada de Jesus em Jerusalém. Segundo a cronologia de Marcos, este episódio se dá no dia seguinte, quando Jesus volta a Jerusalém, partindo de Betânia (Mc 11,12).

Segundo Marcos e Mateus, morava em Betânia certo Simão, o leproso. Segundo João, moravam em Betânia os irmãos Lázaro, Marta e Maria (Jo 12,1-3).[2] Betânia, no Evangelho segundo João, é o cenário do último sinal realizado por Jesus: a ressurreição de Lázaro (Jo 11,1-44). Marta e Maria aparecem também em Lucas (10,38-42). Este evangelista, entretanto, não nos diz o nome da localidade onde elas moravam. Lucas nos relata que, estando em viagem, Jesus entrou em certo povoado (κώμην τινά), onde foi recebido por uma mulher chamada Marta. Ora, como Jesus iniciara há pouco seu caminho em direção a Jerusalém (9,51), dificilmente este povoado seria Betânia, próxima a Jerusalém, a menos que se suponha um deslocamento redacional do episódio da parte do evangelista. Este deslocamento pode ter ocorrido a partir da

---

[2] Teofilacto refere-se a uma tradição que identificava Simão, o leproso, como o pai dos três irmãos de Betânia. Citado por M.-J. LAGRANGE, *Évangile selon saint Marc*, 366.

parábola do Bom Samaritano, a perícope imediatamente precedente. A parábola se passa no caminho de Jerusalém a Jericó. E Betânia era um povoado às margens dessa estrada. Lucas conhece igualmente uma personagem chamada Lázaro. Trata-se do pobre Lázaro, que aparece em uma parábola de Jesus (16,19-31), aliás a única personagem de uma parábola com nome próprio.[3] Aprofundar as possíveis relações entre todos estes textos, no entanto, ultrapassa os propósitos deste estudo.

Enfim, Betânia aparece ainda em Lc 24,50, que situa a ascensão de Jesus nas proximidades deste povoado.

Estas referências do Novo Testamento influíram na história de Betânia. Uma tradição muito antiga em torno à identificação do túmulo de Lázaro acabou transformando o povoado dos tempos do Novo Testamento. Esta tradição, já atestada pelo *Onomasticon* de Eusébio (± 330) e pelo Anônimo de Bordeaux (± 333), foi a responsável pelo deslocamento do povoado um pouco para leste de onde se encontrava antigamente e pela mudança de seu nome, chamado de *Lazarion* ou *Lazarium*, pelos bizantinos, e *El-'Azarieh* pelos árabes, nome conservado pela atual cidade.[4]

5.2. O significado do nome Betânia

Orígenes registra para Betânia a interpretação de *casa da obediência*.[5] Beda une este mesmo significado à paixão de Jesus. Textualmente, ele escreve: "Devendo o Senhor sofrer por todo o mundo e todas as nações por seu sangue serem redimidas, deteve-se em Betânia, isto é, na casa da obediência".[6]

---

[3] De fato, esta parábola traz outra personagem com nome próprio: Abraão. Ademais, segundo o papiro $\mathfrak{P}^{75}$ o rico desta parábola também tem nome. Ele se chama *Neues* (Neves ?).

[4] A. STORME, *Béthanie*, 16; H. VINCENT, Un Hypogée cananéen à Béthanie, 438-441.

[5] E. KLOSTERMANN (ed.), *Origenes Werke. Matthäuserklärung I*, MAT. COM. A 77.

[6] THOMÆ AQUINATIS, *Catena Super Marci Evangeliorum*, XIV,3.

Etimologicamente, o nome Betânia, de origem hebraica, compõe-se de dois elementos. O primeiro é evidente: *bêt-*, derivado de *bait*, que significa *casa*. O segundo elemento, *-ania*, presta-se a diversas interpretações. Nolli, por exemplo, elenca três possibilidades: *bêt-hînî* ou casa das tamareiras, *bêt-anjia* ou casa da miséria e *bêt-Hanja* ou casa de Ananias.[7]

A interpretação do nome de Betânia como *casa de Ananias* deve-se a W. F. Albright, que identificou o povoado dos tempos do Novo Testamento com uma localidade chamada Ananias, citada em Ne 11,32, numa lista de lugares nos quais se estabeleceu a tribo de Benjamim após o retorno do exílio.[8]

Contudo, a possibilidade de que o elemento *-ania* seja uma referência ao verbo hebraico 'NH continua válida. Este verbo, porém, abrange um campo semântico bastante vasto. Em geral, os dicionários distinguem quatro raízes 'NH, cujos significados básicos são os seguintes: I — responder; II — abaixar-se, estar oprimido; III — cansar-se; IV — cantar. A isso somam-se todas as nuanças de significado que um verbo hebraico pode adquirir ao mudar de conjugação. E ainda são muitos os outros vocábulos derivados a partir destas quatro raízes. Da II raiz temos *'ônî*, que significa "opressão", "sofrimento", "miséria"; *'ânâw* e *'ânî*, com o significado de "oprimido", "aflito", e *'ānâwâh*, que significa "humildade".

Aqui, vamos tomar a direção, de interpretar Betânia como *casa do oprimido*, portanto, a partir da raiz 'NH — II, pois este é o significado que nos parece mais forte ao ouvido tomando em consideração o substantivo *'ânî*.

A interpretação de Orígenes que assinalamos acima — *casa da obediência* — não é inteiramente estranha àquela que propomos. O substantivo *'ānâwâh*, que primeiramente significa humildade, pode igualmente comportar a noção de obediência, ou seja, de uma atitude religiosa de disponibilidade à vontade de Deus que se encarna no ideal da humildade.[9] Já assinalamos como o termo

---

[7] G. NOLLI, *Evangelo secondo Marco*, 345.
[8] Cf. A. STORME, *Béthanie*, 7.
[9] A. GELIN, *Les Pauvres de Yahvé*, 73-79.

pobre na linguagem bíblica tomou uma conotação religiosa. O pobre é sobretudo aquele que põe sua confiança em Deus, já que sua situação de oprimido ou aflito faz dele alguém que depende dos outros. E porque espera em Deus, o aflito ou 'ānâw, segundo uma terminologia bíblica, guarda sua palavra. À confiança corresponde a obediência. Aqui, Jesus mesmo é o exemplo perfeito da profundidade que se esconde no termo pobre.

5.3. A generosidade dos pobres: uma abordagem contextualizada

Inúmeras maneiras de atualizar a mensagem evangélica de nossa perícope foram sendo propostas no decorrer da história do Cristianismo.

Em sua exegese alegórica, Orígenes vê nesta passagem a realização de Ct 1,3: "Teu nome é como um óleo que escorre". Como o perfume que expande sua fragrância quando é usado, assim o nome de Jesus também se espalha: em toda a terra ele é invocado e por todo mundo ele é anunciado.[10] Mais adiante, Ct 1,12b: "meu nardo difunde seu perfume", é a *figura* do que se passou na unção de Betânia. Mas sua exegese alegórica segue ainda avante: também o evangelista nos escreve a respeito de um perfume espiritual, que são as boas obras dos cristãos, os quais, por sua vez, são o bom odor de Cristo (2Cor 2,15).[11]

São Jerônimo nos propõe uma interpretação mística: Simão, o leproso, significa o mundo primeiramente infiel e, depois, fiel. A mulher com o alabastro, a fé da Igreja, pois o nardo nele contido é fiel e precioso. A casa que se enche de perfume representa o céu e a terra. Romper o alabastro é romper o desejo carnal. O estar reclinado significa humilhar-se, de modo que a fé da pecadora

---

[10] R. P. LAWSON (ed.), *Origen. The Song of Songs: Commentary and Homilies*, CT.HOM. 1,4.
[11] R. P. LAWSON (ed.), *Origen. The Song of Songs: Commentary and Homilies*, CT.HOM. 2,2.

pôde tocá-lo: "A qual dos pés subiu à cabeça e aos pés da cabeça desceu pela fé, isto é, ao Cristo e a seus membros".[12] Como podemos ver, Jerônimo toma indistintamente dados dos relatos de unção de Jesus nos quatro evangelhos. Sua interpretação é simbólica e espiritual.

No momento atual, a exegese bíblica vive um tempo de redescoberta do sentido espiritual da Escritura, que ocorre depois de certo esgotamento da exegese histórico-crítica. Mas esta nova busca, para não cair no vazio, deve tomar em consideração os principais resultados alcançados pela exegese científica.

Nesse sentido, o documento da Pontifícia Comissão Bíblica — *A interpretação da Bíblia na Igreja* — chama a atenção para a atual diversidade de métodos e abordagens que, ao lado do método histórico-crítico, podem ser tomados de maneira interdependente. Este mesmo documento apresenta em suas conquistas e desafios dois tipos de abordagens contextualizadas dos textos bíblicos: a abordagem a partir da Teologia da Libertação e a abordagem feminista.[13]

Ora, a perícope que estamos estudando presta-se muito bem a estes dois tipos de abordagens. Temos aí a figura de uma mulher que toma iniciativas e temos uma referência aos pobres. Aqui, queremos apresentar — ainda que somente em linhas gerais — estes dois *lugares* de leitura de nosso texto, compreendendo que o objetivo final de uma abordagem contextualizada será sempre suscitar um sentido espiritual ao texto bíblico.

Assim, descobrimos um primeiro *lugar* de contextualização de Mc 14,3-9 entre as comunidades cristãs pobres, sobretudo nas periferias dos países pobres. A leitura de nosso texto neste contexto faz emergir alguns temas relevantes:

1. Betânia é um *subúrbio* de Jerusalém, é o pequeno povoado nos arredores da capital. Seu nome significa ou recorda *casa dos oprimidos*. Jesus vem a Betânia e isso é impor-

---

[12] THOMÆ AQUINATIS, *Catena Super Marci Evangeliorum*, XIV,3.
[13] PONTIFÍCIA COMISSÃO BÍBLICA, *A interpretação da Bíblia na Igreja*, 56-62.

tante. Como vimos, de acordo com o Evangelho segundo Marcos, em sua última semana, Jesus passa o dia ensinando no templo em Jerusalém, mas, à noite, ele se refugia em Betânia.
2. Betânia é um lugar de *festa*, como percebemos pelo início de nossa perícope que nos coloca na atmosfera de um banquete festivo. A própria unção sobre a cabeça de Jesus realça o caráter alegre da refeição e a dignidade do convidado. Uma festa comporta abundância e nosso texto insistiu na abundância do perfume.
3. Betânia é um lugar de *acolhida*. Nos evangelhos, o nome de Betânia aparece associado aos momentos em que Jesus conheceu a amizade e a intimidade. A visita de Jesus à casa de Marta e Maria (Lc 10,38-42) nos fala de acolhida. A unção sobre sua cabeça na casa de Simão (Mc 14,3-9; Mt 26,6-13) nos fala de hospitalidade. A ressurreição de Lázaro (Jo 11,1-44), o último e maior sinal que João nos relata, está profundamente marcada pela amizade.

Ora, as comunidades cristãs pobres podem se encontrar facilmente nestes temas. Também elas se localizam nas periferias do mundo que toma as decisões e tem poder sobre a vida e a morte das pessoas. Nelas igualmente há festas, ambiente alegre e, não poucas vezes, "desperdício" difícil de ser compreendido por quem tem uma mentalidade acumulativa. Nestas comunidades existem problemas, divisões, incompreensões, ao lado de um clima de amizade e acolhida. Nelas, a hospitalidade que a pequena comunidade de Betânia demonstrou para com Jesus atualiza-se pela acolhida generosa dos pobres — aqueles que estão sempre conosco — nos quais Jesus se faz presente.

Descobrimos ainda um segundo *lugar* de contextualização de nossa perícope no mundo feminino, sobretudo entre as mulheres que exercem um serviço nas comunidades cristãs. Aqui, nosso texto é um exemplo da gentileza com que Jesus tratava as pessoas que dele se aproximavam, em nosso caso, uma mulher. Ela permanece calada em todo o relato, mas Jesus a aceita e responde com amor a seu gesto de amor, tratando-a com dignidade e respeito.

Mas também de sua parte podemos dizer que ela demonstra para com Jesus amizade e apreço. E a iniciativa vem da parte dela. No momento mais difícil de sua vida, no qual Jesus se percebe diante da morte, Marcos nos conta como ele foi acolhido e reconhecido por aquela mulher num gesto de generosidade e ternura.[14] Por isso, ao lado de outras personagens deste evangelho — mulheres e homens —, ela aparece como um modelo para todo cristão da fé e da entrega total que o discipulado de Jesus comporta.[15]

---

[14] A. M. TEPEDINO, Jesus e a recuperação do ser humano mulher, 274.281.
[15] M. A. BEAVIS, Women as Models of Faith in Mark, 8.

CONCLUSÃO

Como conclusão deste estudo, queremos retomar brevemente duas das perguntas que deixamos indicadas na introdução.

É verdade que Jesus disse que os pobres sempre existirão? É mais difícil responder a esta pergunta do que possa parecer. No decorrer de nosso estudo, vimos como, na linguagem bíblica, o termo pobre, sem deixar de expressar uma realidade concreta, não se limita a uma noção sociológica ou econômica, mas abrange também uma conotação religiosa. O que compreendemos hoje com o termo pobre não é o mesmo, sem contar que, no mundo consumista em que vivemos, tanta gente se ilude pensando ser pobre. Não podemos aplicar nossas categorias modernas às palavras de Jesus. Nesse sentido, é falso dizer que Jesus profetizou que a pobreza sempre existirá. Contudo, se buscarmos compreender todo o significado do termo pobre, descobriremos aí o apelo do outro que sofre. Algo de semelhante ao que encontramos na Epístola de Barnabé: sempre *tendes convosco a quem fazer o bem*.

Como continuar a missão de anunciar o evangelho? A palavra final de nossa perícope se abre à perspectiva da proclamação do evangelho no mundo inteiro. Mas qual é a mensagem que o arauto levará? Ele vai anunciar o evangelho de Jesus, o Cristo, o Filho de Deus. É assim que Marcos começa seu escrito. Em 14,9, a antiga versão siríaca traz a variante *baçary*, isto é, "*meu* evangelho", em perfeita sintonia com 1,1. Assim, a mensagem é Jesus: sua vida, morte e ressurreição, de modo que evangelizar é contar história. E porque esta é uma história concreta, ela abrange as pessoas com as quais Jesus viveu. Entre elas, aquela mulher de Betânia, de quem as comunidades cristãs guardaram para sempre a lembrança.

REFERÊNCIAS BIBLIOGRÁFICAS

A. Texto grego

ALAND, Barbara et Kurt; KARAVIDOPOULOS, Johannes; MARTINI, Carlo M. METZGER, Bruce M. (eds.). *The Greek New Testament*. In cooperation with the INSTITUTE FOR NEW TESTAMENT TEXTUAL RESEARCH. Münster Westphalia/ Stuttgart: Deutsche Bibelgesellschaft, 1994⁴.

ALAND, Barbara et Kurt; KARAVIDOPOULOS, Johannes; MARTINI, Carlo M.; METZGER, Bruce M. (eds.). *Novum Testamentum Graece*. Post Eberhard et Edwin NESTLE. Apparatum criticum novis curis elaboraverunt B. et K. ALAND una cum INSTITUTO STUDIORUM TEXTUS NOVI TESTAMENTI. Monasterii Westphaliae/Stuttgart: Deutsche Bibelgesellschaft, 1993²⁷.

ALAND, Kurt; BLACK, Matthew; MARTINI, Carlo M.; METZGER, Bruce M.; WIKGREN, Allen (eds.). *The Greek New Testament*. In cooperation with the INSTITUTE FOR NEW TESTAMENT TEXTUAL RESEARCH. Münster Westphalia: Sociedades Bíblicas Unidas, 1975³.

LAKE, Kirsopp (ed.). *Codex Sinaiticvs Petropolitanvs. The New Testament, The Epistle of Barnabas and The Shephered of Hermas*. Preserved in The Imperial Library of St. Petersburg, now reproduced in facsimile from photographs by Helen and Kirsopp Lake, with a description and introduction to the History of the Codex. Oxford: Clarendon Press, 1911.

B. Subsídios linguísticos

BLACK, Matthew. *An Aramaic Approach to the Gospels and Acts*. Oxford: Clarendon Press, 1954².

BLASS, F. and DEBRUNNER, A. *A Greek Grammar of the New Testament and Other Early Christian Literature*. A Translation and Revision of the Ninth-tenth German Edition Incorporating

Supplementary Notes of A. Debrunner by Robert W. Funk. Cambridge/Chicago: The University Press, 1961.

LAPIDE, Pinchas. Hidden Hebrew in the Gospels, *Immanuel* 2 (1973) 28-34.

LEEUWEN-Boomkamp, K. van. Τί et διὰ τί dans les Évangiles, *Rev. Ét. gr.* 39 (1926) 327-331.

NOLLI, Gianfranco. *Evangelo secondo Marco*: testo greco, Neovolgata latina, analisi filologica, traduzione italiana. Città del Vaticano: Lib. Ed. Vaticana, 1992³.

ZERWICK, Maximilian. *Biblical Greek*. English Edition Adapted from the Fourth Latin Edition by Joseph Smith. Roma: PIB, 1994.

ZERWICK, Max and GROSVENOR, Mary. *A Grammatical Analysis of the Greek New Testament*. Roma: PIB, 1993⁴.

C. Dicionários

BAUER, Walter. *A Greek-English Lexicon of the New Testament and Other Early Christian Literature*. A translation and adaptation of the fourth revised and augmented edition of Walter Bauer's Griechisch-Deutsches Wörterbuch zu den Schriften des Neuen Testaments und übrigen urchristlichen Literatur by William F. Arndt and F. Wilbur Gingrich. Second edition revised and augmented by F. Wilbur Gingrich and Frederick W. Danker from Walter Bauer's fifth edition, 1958. Chicago/London: The University of Chicago Press, 1979.

BUZZETTI, Carlo. *Dizionario base del Nuovo Testamento (con statistica-base) greco-italiano*. In collaborazione con Bruno Corsani. Roma: Libreria Sacre Scritture, 1991.

MOULTON, James H. and MILLIGAN, George. *The Vocabulary of the Greek Testament Illustrated from the Papyri and Other Non-literary Sources*. London: Hodder and Stoughton, 1914-1929.

PEREIRA, Isidro. *Dicionário grego-português e português-grego*. Braga: Livraria Apostolado da Imprensa, 1990⁷.

D. Instrumentos exegéticos

ALAND, Kurt (ed.). *Synopsis Quattuor Evangeliorum*. Locis parallelis evangeliorum apocryphorum et patrum adhibitis. Stuttgart: Deutsche Bibelgesellschaft, 1990[13].

BENOIT, P. et M.-É BOISMARD. *Synopse des quatre évangiles en Français*. Tome II Commantaire par M.-É. Boismard avec la collaboration de A. Lamouille et P. Sandevoir. Préface de P. Benoit. Paris: Cerf, 1972.

HARCH, Edwin and REDPATH, Henry A. (eds.). *A Concordance to The Septuagint and other Greek Versions of the Old Testament* (including the Apocryphal Books). Oxford: Clarendon Press, 1897.

(The) INSTITUTE FOR NEW TESTAMENT TEXTUAL RESEARCH and the COMPUTER CENTER OF MÜNSTER UNIVERSITY (eds.). *Concordance to the Novum Testamentum Graece of Nestle-Aland, 26th edition, and to the Greek New Testament, 3rd edition*. With the collaboration of H. Bachmann and W. A. Slaby. Berlin: Walter de Gruyter, 1987[3].

LEGG, S. C. E (ed.). *Nouum Testamentum Graece secundum textum Westcotto-Hortianum. Euangelium secundum Marcum*: cum apparatu critico nouo plenissimo, lectionibus codicum nuper repertorum additis, editionibus versionum antiquarum et patrum ecclesiasticorum denuo inuestigatis. Oxonii: Typographeo Clarendoniano, 1935.

METZGER, Bruce M. *A Textual Commentary on the Greek New Testament*. Stuttgart: Deutsche Bibelgesellschaft/United Bible Societies, 1994[2].

E. Versões antigas e patrística

CAMELOT, P.-Th. (ed.). *Ignace d'Antioche. Polycarpe de Smyrne. Lettres. Martyre de Polycarpe*. Texte grec, introduction, traduction et notes. 3e. édtion revue et augmentée. Sources Chretiennes, 10. Paris: Cerf, 1958.

JÜLICHER, Adolf (ed.). *Itala. Das Neue Testament in altlateinischer Überlieferung*. Nach den Handschriften. Durchgesehen und zum Druck besorgt von Walter Matzkow und Kurt Aland. II. Marcus-Evangelium. Berlin: Walter de Gruyter & Co, 1970².

KLOSTERMANN, Erich (ed.) *Origenes Werke. 10 Band: Origenes Matthäuserklärung 1. Die griechisch erhaltenen Tomoi.* Herausgegeben unter Mitwirkung von Ernest BENZ. Die griechischen christlichen Schrifsteller der ersten drei Jahrhunderte, 40. Leipzig: J. C. Hinrichs, 1935.

KLOSTERMANN, Erich (ed.). *Origenes Werke. 11 Band: Origenes Matthäuserklärung 2. Die lateinische Übersetzung der Commentariorum Series.* Herausgegeben unter Mitwirkung von Ernest BENZ. Die griechischen christlichen Schriftsteller der ersten drei Jahrhunderte, 38. Leipzig: J. C. Hinrichs, 1933.

LAWSON, R. P. (ed.). *Origen. The Song of Songs: Commentary and Homilies* (ACW, 26). Westminster/London: Newman Press/ Longmans, Green and Co., 1957.

LEWIS, Agnes Smith (ed.). *The Old Syriac Gospels or Evangelion Da-Mepharreshê*, Being the Text of the Sinai or Syro-Antiochene Palimpsest including the Latest Additions and Emendations, with the Variants of the Curetonian Text, Corroborations from many others Mss. and a List of Quotations from Ancient Authors. London: William & Norgate, 1910.

METZGER, Bruce M. *The Early Versions of the New Testament: Their Origin, Transmission, and Limitations.* Oxford: Clarendon Press, 1977.

PRIGENT, Pierre et KRAFT, Robert A. (eds.). *Épître de Barnabé.* Introduction, traduction et notes par Pierre Prigent. Texte grec établi et présenté par Robert A. Kraft. Sources Chretiennes, 172. Paris: Cerf, 1971.

RAHLFS, Alfred (ed.). *Septuaginta.* Id est Vetus Testamentum graece iuxta LXX interpretes. Stuttgart: Deustche Bibelgesellschaft, 1979.

THOMÆ AQUINATIS. Catena Super Marci Evangeliorum, in *Opera Omnia*, Vol. XVI: Catena Aurea in Matthæi Evangelium — in Marci Evangelium. Paris: Ludovicum Vivès, 1876.

WEBER, R. (ed.). *Biblia Sacra Iuxta Vulgatam Versionem.* Editionem quartam emendatam cum sociis B. FISCHER, H. I. FREDE,

H. F. D. SPARKS, W. THIELE. Praeparavit R. GRYSON. Stuttgart: Deustche Bibelgesellschaft, 1994⁴.

F. Tradução portuguesa

A Bíblia de Jerusalém. Nova edição revista. São Paulo: Paulus, 1992.

G. Introdução ao Novo Testamento

WIKENHAUSER, Alfred et SCHMID, Josef. *Introducción al Nuevo Testamento*. Edición totalmente renovada. Barcelona: Herder, 1978.

H. Comentários ao Evangelho segundo Marcos

BOISMARD, M.-É. *L'évangile de Marc, sa préhistoire*. Paris: Gabalda, 1994.

GNILKA, Joachim. *Marco*. Assisi: Cittadella Editrice, 1987.

HARRINGTON, Daniel J. The Gospel According to Mark, in *New Jerome Biblical Commentary*. Edited by BROWN, Raymond E., FITZMYER, Joseph A. and MURPHY, Roland E. London: Geoffrey Chapman, 1990.

LAGRANGE, M.-J. *Évangile selon Saint Marc*. Édition corrigée et augmentée. Paris: Gabalda, 1947.

MALLY, Edward J. The Gospel According to Mark, in *Jerome Biblical Commentary*. Volume II: The New Testament and Topical Articles. Edited by FITZMYER, Joseph A. and BROWN, Raymond E. London: Geoffrey Chapman, 1968.

NINEHAM, D. E. *The Gospel of Saint Mark*. Harmondsworth: Penguin Books, 1973.

PESCH, Rudolf. *Il Vangelo di Marco*. Parte seconda. Testo greco e traduzione. Commento ai capitoli 8,27–16,20. Brescia: Paideia, 1982.

RADERMAKERS, Jean. *La Bonne nouvelle de Jésus selon saint Marc*. 2. Lecture continue. Bruxelles: Institut d'Études Théologiques, 1974.

SCHMID, Josef. *The Gospel According to Mark*. Cork: Mercier Press, 1968.

TAYLOR, Vincent. *The Gospel According to St. Mark*. London: MacMillian, 1952.

I. Bibliografia específica

BEAVIS, Mary A. Women as Models of Faith in Mark, *BTB* 18 (1988) 3-9.

BROWN, J. P. The Mediterranean Vocabulary of the Vine, *VT* 19 (1969) 160-164.

DANKER, Frederick W. The Literary Unity of Mark 14,1-25, *JBL* 85 (1966) 467-472.

DAUBE, David. The Anoiting at Bethany, in *The New Testament and Rabbinic Judaism*. London: The Athlone Press/University of London, 1956, 312-324.

DERRETT, J. Duncan M. The Anointing at Bethany and the Story of Zacchaeus, in *Law in the New Testament*. London/Darton: Longman/Todd, 1970, 266-285.

EGGER, Wilhelm. *Metodologia do Novo Testamento*: introdução aos métodos linguísticos e histórico-críticos. São Paulo: Loyola, 1994.

GEDDERT, Timothy J. *Watchwords. Mark 13 in Markan Escatology* (JSNT SS 26) Sheffield? JSOT, 1989, 133-140.

GRASSI, Joseph A. The Secret Heroine of Mark's Drama, *BTB* 18 (1988) 10-15.

HOUGHTON, William. The Pistic Nard of the Greek Testament, *Proc.Soc.Bibl.Arch.* 10 (1888) 144-146.

KILPATRICK, G. D. Ἐπάνω Mark xiv.5, *Journal of Theological Studies* 42 (1941) 181-182.

KONINGS, Johan. Jesus ou os pobres? Análise redacional e hermenêutica de Jo 12,1-8, *Perspectiva Teológica* 25 (1993) 149-16.

MUNRO, Winsome. The Anointing in Mark 14,3-9 and John 12,1-8, *SBL I 1979 Seminar Papers* 127-130.

SCHMIDT, Thomas E. Hostility to Wealth in the Gospel of Mark, in *Hostility to Wealth in the Synoptic Gospels* (JSNT SS, 15). Sheffield: JSOT, 1987, 103-120.

SCHOFF, W. H. Nard, *JAOS* 43 (1923) 216-228.

SMITH, Dennis E. The Historical Jesus at Table, *SBL 1989 Seminar Papers* 466-486.

STOCK, Klemens. *Il Racconto della Passione nei Vangeli Sinoticci*. Prima e seconda parte. Roma: PIB, 1995.

TEPEDINO, Ana Maria. Jesus e a recuperação do ser humano mulher, *REB* 48 (1988) 273-282.

TILESSE, Caetano Minette de. Marcos e o evangelho, *RCB* 33 (1990) 44-59.

J. Bibliografia complementar

GELIN, Albert. *Les Pauvres de Yahvé*. Paris: Cerf, 1953.

MANNS, Frédéric. Le Thème de la maison dans l'évangile de Marc, *RevScRel* 66 (1992) 1-17.

MULLACH, F. W. A. (ed.). *Fragmenta Philosophorum Græcorum — I*. Paris: Firmin Didot, 1883.

PONTIFÍCIA COMISSÃO BÍBLICA. *A interpretação da Bíblia na Igreja*. Petrópolis: Vozes, 1994.

RUDOLPH, W. et J. HEMPEL (eds.) *Biblia Hebraica Stuttgartensia*: 3 - Numeri et Deuteronomium. Stuttgart: Deutsche Bibelgesellschaft, 1983.

SKA, Jean Louis. *"Our Fathers Have Told Us"*: Introduction to the Analysis of Hebrew Narratives. Roma: PIB, 1990.

STORME, Albert. *Béthanie*. Jerusalem: Franciscan Printing Press, 1992³.

TORREY, Charles C. *The Four Gospels*: a New Translation. New York/London: Harper & Brothers Publishers, 1933.

VINCENT, H. Un Hypogée cananéen a Béthanie, *Revue Biblique* 11 (1914) 438-441.

Impresso na gráfica da
Pia Sociedade Filhas de São Paulo
Via Raposo Tavares, km 19,145
05577-300 - São Paulo, SP - Brasil - 2010